U0654017

格局之“营”

工业品营销人成长指南

Visionary Marketing

The maturity instruction for industrial products marketer

王 焕 著

内容提要

本书是作者在世界500强企业从事十多年工业品营销的实战经验总结。全书分为视野篇、修炼篇和新商篇，以数字化营销变革时代的要求为基础，以能落地实践的技能为出发点，生动地阐述了数字化时代一名合格的工业品行业营销人需具备的战略格局和实战技能。

本书适合B2B工业品和B2C消费品营销人参考阅读。

图书在版编目(CIP)数据

格局之"营"：工业品营销人成长指南／王焕著
. —上海：上海交通大学出版社，2020
ISBN 978-7-313-23002-7

Ⅰ.①格… Ⅱ.①王… Ⅲ.①工业产品—市场营销学
Ⅳ.①F405

中国版本图书馆CIP数据核字(2020)第039931号

格局之"营"：工业品营销人成长指南
GEJU ZHI "YING": GONGYEPIN YINGXIAOREN CHENGZHANG ZHINAN

著　　者：王　焕
出版发行：上海交通大学出版社　　地　　址：上海市番禺路951号
邮政编码：200030　　电　　话：021-64071208
印　　制：上海盛通时代印刷有限公司　　经　　销：全国新华书店
开　　本：710 mm×1000 mm　1/16　　印　　张：14.75
字　　数：215千字
版　　次：2020年5月第1版　　印　　次：2020年5月第1次印刷
书　　号：978-7-313-23002-7
定　　价：69.00元

本书所获赞誉

作为王老师的朋友和他公众号的忠实粉丝，他给我最深刻的印象应该是他的语速和措辞，又快又稳、直击要害，绝不浪费多余的时间，写到这儿我脑海中迅速跳出他的“灵魂拷问”：“公司里真正最在意客户的当然是市场部喽，你们做你们该做的，管销售怎么想干吗?”此话一出，我团队的姑娘们顿时全部被圈了粉！王老师公众号的文章，每一篇都是如此精炼幽默，字字珠玑。不管是怎样的机缘，打开本书并认真地读下去，诸位一定就赚了，都是实在又实用的思考和分享，也许你下一分钟就用得上！

——格兰富中国区市场总监　高　寒

工业品营销领域少有人涉足，更难把理论和实践进行很好的结合。因此，王焕的这本新书对于该领域来说是意义重大的。作为圣戈班这家世界500强、全球工业100强企业亚太区的首席执行官，我深知工业品营销能在当今这种剧烈变化的环境中成功，恰恰是由营销者对一些众所周知的、成熟的营销工具在不同行业和市场中恰到好处的运用所决定的。王焕在本书中所呈现的内容，是其作为圣戈班亚太区首席数字官和首席营销官多年在电商和工业品领域积累的经验，为工业品营销人指引了一条新的成长之路，应该成为每一个有志于成为优秀工业品营销人的“必修课程”。

——圣戈班集团高级副总裁及亚太区 CEO　孟昊文(Javier Gimeno)

B2B 工业品营销需要借助营销自动化工具 MAT 来帮助市场部建立客户洞察，通过数字化渠道来判断客户的购买需求和决策链条，通过线上线下线索培育来帮助销售部门增加关单成功率，王老师通过多年的B端营销实战经验总结了很多有价值的实现方法，并结合营销技术Martech的发展潮流，值得学习！

——甲骨文营销云总经理　杨　波

忽如一夜春风来，千树万树梨花开。一夜之间几乎所有的传统企业都开始触网，加入数字化转型大军。随着互联网发展进入下半场，工业互联网的概念越来越热，“互联网+”也成了一个热词。但是B2B企业的数字化怎么做？工业品电商怎么玩才有效果？如何让传统的营销手段借助网络平台更加有效？数字化转型在中国的互联网生态中怎么实践？如何利用有限的资源获得最大化产出和营销效果？

不管是初出茅庐的数字化新兵，还是深谙电商的老司机，不管是私企的负责人，还是外企的CDO或者市场部经理，如果你也有这样的问题，相信你都能从这本书的分享中有收获！

作为中国B2B电商和数字化最早的实践者之一，王老师不仅拥有丰富的实践经验，而且善于思考、总结，干货多多，具有很强的指导性和可操作性。从实践中来，到实践中去，相信王老师能给我们工业互联网行业带来更多的干货和实践指导。

——摩贝网高级营销总监　孙扬正

大家认识王焕有可能是通过电子商务，但其实我觉得他更了解营销的本质，他能从商家和消费者两种不同的视角来帮助我们透过一层层外壳看透本质，帮助各位从业者更好达到营销目的，而非为了电子化而电子化。其实这也是我个人非常推崇的一个理念。电子化的本质是提高效率，如果不能实质性地降低总成本，那么则是一种浪费，绝不是营销的本质。我很喜欢王焕对于CRM系统的形容——“开上帝视角”，其实电子化的本质就是开上帝视角，可是如果上帝视角那么容易被打开，那么工业品市场也不会那么难做了。

在这本书众多章节里，我更推荐一些实质性的学习内容，如关于工业品营销策略入门技巧的探讨，王老师深入浅出地帮助大家去融合 4P 理论从而打通营销的任督二脉，很实用。再如谈客户洞察的意义，在这篇文章里，我推荐大家好好地去理解自己的客户，体会什么叫“合适”。

与其说这本书能帮助你提高业务能力，不如说它能引发你的思考，从而帮助你从多个角度去看待营销。这也是我一直希望和王老师探讨的原因，他总是有一些思考，而不是原地踏步。

——EATON 中国市场总监　戴　怡

先有格局，后做营销。我非常喜欢王老师新书的书名。人们对事物的认知程度，谓之格；对认知的事情所能达到的结果，谓之局。格物致知亦是格局。透过现象，看本质；有用为局，无用为格。本书从“格局”二字入手，从全新的角度阐述了 B2B 工业品营销的技巧。非常有幸能提前拜读，受益匪浅。

——《华东科技》主编　李　岩

推荐序 1

知道王老师又要出新书了,很替他高兴。认识王老师是在 2015 年,当时我还在史丹利,他还在 ABB,我们都是刚开始负责各自公司的电商业务。转眼已经 5 年多了,我们都算是见证了工业品电商快速发展的一段过程,也从不同层面参与其中。

王老师这些年有了不少变化,从品牌方的电商业务负责人,到多元化经营的集团公司的地区首席数字官;从交易关注型的电商,到涉猎全面数字化的业务转型;从外企工业品电商圈的热心人,到外企数字化转型“网红”。相信他走过的心路历程大家都能在这本书中感受到。而我从外企品牌方电商负责人再到市场部的职业经理人,从工业品交易平台的 VP,到开启我的创业项目为品牌方做数字化赋能的集团合伙人,也算是走出了舒适区。王老师让我说说外企和民企、甲方和乙方的不同感受,我不敢喧宾夺主,浓缩成一句: 温室安全、舒适,有时憋屈;走出来有新鲜空气,也有狂风大雨,痛并快乐!

回到本书,我真心向大家推荐,基于三个度:

(1) 广度。前面讲到的王老师的变化都体现在这本书里了。除去电商,书里面说了怎么做数字化市场营销,怎么对外选供应商,怎么对内管理上下左右,怎么参加高峰论坛…… 总之,你要是在这个工业品营销的圈子里,方方面面都给你提出了建议。

(2) 深度。刚开始认识王老师时,总觉得他是一个很有理论深度的人,可能也和当时他正在就读 MBA 有关,随便讲一件事情,就能升华到理论高度。有时他说得很尽兴,我就开始听不懂了,虽然觉得高深莫测,倒也有点距离感。这两年，王老师职位越来越高，名气越来越大，说话写文章却越来越接地气了。每个故事都有实操性，每篇文章都很生活化，反而让我很有收获，也很有共鸣。在我看来，这也是真正的有了“知行合一”的深度，不信你打开本书读两篇就知道了。

(3) 热度。说到热度，有两层含义：一是文章紧跟热点；二是老王热心。中美贸易战、Tableau 被 Salesforce 收购，每一次王老师都能紧跟热点，及时出文。写文并不难，难的是有自己独立观点，而且观点新颖，不人云亦云，也不哗众取宠，这就很难得。老王热心，这一点圈内人都知道。除了乐于帮忙之外，还仗义执言，实属不易。不得不说，这也是他讨人喜欢和受关注的又一个原因。毕竟，我们身边有很多面带微笑，凡事都做“正确”的人，很少有棱角，不会做“傻事”的人。

祝大家开卷有益，阅读愉快。

现任久功集团合伙人、总经理　朱　进

推荐序 2

认识王老师是因为他把 ABB 这样一家工业品企业的电商从零推动到行业第一的位置。虽然整体业务上,施耐德电气领先 ABB 好几个身位,如此可见王老师的功力。那时候王老师还没有开公众号写文章。在几个朋友的怂恿下,王老师开始了笔耕不辍的生活。

书如其人,文如其名。王老师的文章虽言辞朴素,但不乏真知灼见。王老师不会为了刻意讨好读者去炮制概念,而是集中于研究实践中的每一个关键细节,又能够综合不同行业的商业应用,从电商落地的角度看其中的问题,获得最佳方案。他会从资本后端去跟你解开 B2B 电商盈利的幻象,告诉你有些行业无论是 B2B 还是 B2b2c 目前都无法提升商业效率;他也会从战场最前端,讲阿里巴巴拜访攻略,细到会议组织技巧。王老师做的不是好莱坞华丽大片或者网红奇巧短片,而是纪录片。如果你是那些在公司塔尖被无数漂亮的 PPT 冲击的高管,读一读王老师的书,你会找到策略和执行脱节的原因;如果你是公司中层策划者,在这本书里,你会找到市场机会推动策略形成的关键;如果你是电商初级实践者,阅读王老师的书,你的职业之路可能会走得更长远、更稳当。

此外,值得一提的是,王老师还是一个具有侠义精神的文人,他敢于直言真相,也一直不吝为整个行业在 B2B 电商道路探索中开辟广场式的合作及实践机会,增进行业各公司之间的互动合作,在此一并表示感谢。

总体业务增长是检验电商的唯一标准。对于王老师来说,知易行难还是知难行易已经不是问题,他已经走在“知行合一”的路上。

前史丹利中国市场总监,前施耐德电商负责人　朱　洁

推荐序 3

与王老师结缘是在2016年底，因为ABB的合作项目，开始接触王老师。当时王老师是ABB电商的负责人，记得我们聊了一两次，王老师就主动来我们公司考察，他是我接触过的电商总监中很有行动力的一位。我们其实很少谈销售性的业务，而是更多谈落地的事。他很有激情，也没有什么架子，感觉是“最不像”世界500强的电商总监。

虽然我们在ABB的项目上没有很深入的合作，但对彼此有了更多的了解。后来他离开ABB去了圣戈班后，我们有很长一段时间没有合作，只是经常聊聊工业品现状、电商的发展趋势和对平台的一些看法。

从当年在ABB做电商到出任圣戈班首席数字官，包括后来做自媒体公众号，可以看出王老师是个很努力的人。我最佩服他的是在做自媒体这件事上，因为我认为坚持每周去做公众号内容是件很痛苦的事情，并不是谁都能坚持下来的。他的公众号影响力越来越大，他对内容的理解和行业的理解也越来越深刻，所以他这次出书，我非常期待。王老师第一次出书时我刚认识他，拿到他的第一本书时我觉得这是本很接地气的书。它让我很快理解了什么是数字化，那时我对数字化的理解是很模糊的。直到去年我在上海开了一家数字化营销公司，王老师经常鼓励我，引导我做服务企业数字化转型，事实证明这些方向都是非常正确的，也是很多B2B行业企业所急需的。他的营销理念和落地方式都是比较前沿的，我认为这方面对我们影响很大。

从以前2C电商到现在2B电商公司，再到现在成为1688标杆代运营公司，这期间我们看到了很多模式，以及不同公司和团队的起起伏伏，对工业品电商、数字化电商,也逐渐有了自己的一些感触和看法。

其实大家聊来聊去的数字化,还是因为很多交易行为被搬到了网上,可以被量化并作为企业决策的参考,就像王老师经常对我说的,"可能企业做了数字化电商后才知道它们的服务流程有多差",我觉得完全有可能。关于数字化电商,每个企业都在探讨,而 B2B 公司到现在为止只是把数字化当成一种工具,因为在 B2B 公司电商业务占总体业务的比重太小。打个比方,我们在做 B2C 业务的时候,数字化电商占整体公司业绩的 20%~30%,就会引起不同程度的重视,但在 B2B 行业,数字化电商的交易额在公司总营业额中的比重不会超过 5%,甚至更低,在这么大的公司里交易额如此低,是不会被重视的。这也是 B2B 行业一直想去改变和引导的一个方向:在交易额低时,如何让企业觉得电商是重要的,是有必要去做的。事实上,我接触这么多公司以来,有的公司在找到我们之前已经想得很清楚了,它们要做什么,包括争取新客户,还是沉淀客户,抑或客户转化。而我们作为外包公司更多的是在帮它们落地执行。而有些公司没有想得很清楚,这时候他们在探索电商和数字化的时候就会很小心,会反复论证。虽然电商的生意在 B2B 企业只有"一点点",却是整个集团都在看的生意,整个集团都在看网上标的价格,都在看内页,一些小的错误都会被无限放大。而事实上因为交易额低,我们无法改变 B2B 企业原有的交易流程,这也是我们做 B2B 电商的难点和痛点。在解决这些难点和痛点的时候,王老师给了我很多启发,很感谢他,我很愿意跟他沟通,因为每次都有新的收获。

在我看来,王老师是 B2B 行业里为数不多的一直在推进数字化营销、数字化转型的意见领袖,他有新的理念的时候,会深入去了解,并亲自去实践,得到很多宝贵的意见,并且愿意分享给我们。这和我接触的其他大多数 KOL 不同,王老师持有更加开放的心态,去引导和推动行业人对电商、数字化营销的探讨与实践。

目前,工业品行业数字化转型还处于初级阶段,品牌方和我们这样的第三方服务公司都非常需要王老师这样的实践者来引导大家,让大家少走弯路,多做一些对行业和企业有意义的事情。

厦门维伊贸易有限公司总经理　曹　灿

前　言

自从我当上首席数字官之后，每次最苦恼的就是给人解释何为“首席数字官”。不像首席财务官、首席品牌官、首席知识官，等等，大家对首席数字官相对陌生。就目前而言，首席数字官在大多数企业的确是一个新鲜而独立的岗位。首席数字官的潜在汇报团队和关联事物完全取决于他/她想做什么或者最高决策层给他/她定了什么目标。可以说，首席数字官有点像一把通往数字化路上的万能钥匙，能打开多少门，既取决于钥匙本身的质量，也取决于使用钥匙的人的想法。

多数人第一次听到首席数字官，以为是搞 IT 的。然而，我本人并非 IT 专业出身。实际上，现今的 IT 技术发展已经不需要你再为某项应用或者某个数据处理去做什么开发了。各种你可能用得到的从底层数据到上层应用的软件和程序都已经被开发出来，且不少已有成熟的应用了。举例来说，我所在的公司 20 年前的客户销售管理数据库是公司内部开发的，但现在完全不必这样做，直接购买成熟的 CRM（customer relationship management，客户关系管理）系统即可。

作为首席数字官的我，在一家拥有 355 年历史的传统制造业 500 强企业里到底是干什么的呢？

在说这件事前，我们先看一个小故事。这个故事是关于 1964 年日本造的第一条新干线。当时在这个项目中，为了确保速度和运能，最佳的方法是重建一条标准铁轨，那么时速可以提升到 200 km/h，而很多人认为今后是汽车的天下，火车已经是过时的产物，不应该再加大投资了。当时的日本铁路公司总裁十河信二是这个项目的坚定推动者。他先是做了一份假预算，把

3 000亿日元的投资缩减到1 927亿日元，然后又挪用其他铁路投资来伪造项目不缺钱的假象，再从世界银行贷了8 000万美元，最后让日本政府被迫投资3 800亿日元完成了从东京到大阪的这一世界上第一条高速铁路。今天我们回顾这段历史，相信大家都会赞同这个当时看起来不切实际也无法收回预期投资的项目，因为它通过调节人口资源、地理要素和城市功能，从而提升了整个日本经济。

其实，中国高铁在过去十年里似乎也经历了这样一段从质疑到被完全认同的阶段。无疑，技术是重要的。互联网业内有一句话：互联网公司不是设计出来的，而是生长出来的。大家在做和数字化相关的事情时，都会面临着两个类似的问题：一是这件事此前没人做过，无经验可借鉴；二是正在做的人也不知道自己做的是否能成功。所以，在这种情况下，基本都是摸着石头过河。就好像我们造第一条高铁时也许没想这么多，但等我们把江浙沪都连起来变成1小时城市圈了，就有了更多的想法。

回到首席数字官和其岗位职责这个问题上，为什么现在不是计算机专业的人也可以从事这个岗位并负责企业数字化工作？这恰恰是因为数字化这件事对于IT（信息技术）的基础知识要求并不是那么高。当然，这个前提是你能在工作过程中不断学习和积累这方面的知识。举个例子，大家可能都知道的CRM是目前企业数字化的一个热门话题。从技术角度上来看，这是一个好工具，能帮助企业管理客户数据，保障企业的长久发展。从管理层视角来看，这是一套管理前端销售行为的打卡软件，可以直观了解销售人员每天的行为表现。对于一线销售员来说，这是新的紧箍咒或者作业本。所以，同一套系统，不同的使用主体从不同的视角产生了不同的想法。而最终一套系统得以推广应用并不在于它本身比其他软件的功能更加强大，而在于它能否在不同使用主体的想法之间找到一个合适的平衡点。

同样的道理，如果你想通过数字化来推动一项变革，也许适合解决这个问题的软件和SAAS（software as a service，软件即服务）早就被开发出来了，此时你需要做的就是找到那些要被这项变革影响的人的需求和想法，然后满足他们。作为首席数字官，唯一可以挥舞的是公司的战略大方向这根“大棒”,这个战略大方向就是目前大多数跨国企业从CEO开始的高层都在倡导的数字化转型。但是,这根“大棒”到底有多粗,挥下去有多大“杀伤力”,就看首席数字官的才能了。

从个人角度来说,可以说每个人都是数字化的拥护者。比如,若公布一条公司内不准用微信,员工手机不准安装非公司APP这些规定,马上会遭到一片反对。但是站在工作角度来看,不少员工就很抵抗数字化这件事。原因也很简单,没有人希望自己所拥有的那一点点信息不对称优势就此消失,这意味着自己被取代的可能性变大。企业要学会在当下的环境中放弃信息不对称的优势,学会在公平透明的环境下竞争获利。个人亦是如此。

我偶尔出去参加论坛,跟与会者谈起数字化未来的应用场景时,很多人就会惧怕AI,害怕自己的职位被机器人所替代。事实上,大家的担心都是以AI或机器人劳动力很廉价,甚至免费这个假设作为前提的。然而,从电商发展20年的历程来看,电商经营的成本在不断上升,如今的电商业务边际效应已经很明显了。拼多多能异军突起,部分原因在于它没有采用天猫、京东的趋中心化B2C模式,而采用去中心化的C2C模式,从而降低了营销的边际成本。未来,如果AI技术发展到可以取代大量工作岗位的地步,那么也一定会出现这些技术和人们工作成本的可比性变化,最后发现一部分工作还是由人来从事更加经济可靠。另外,计算机问世了这么多年,也并没有见到因为效率的提升而使得多少人因此而失业。不过,擅长使用计算机的人,相比那些完全拒绝使用计算机和不会使用它们辅助工作的人倒是更容易找到高薪的工作。因此,随着AI技术的普及,应该也会同样按照人们与其协作能力的高低来决定个人工作价值的高低吧。

随着工业品企业数字化变革的推进,基于数字化的营销需求变得越来越强烈。这里有多层次原因,但主要原因是营销的经济门槛随着媒体的多元化而降低,导致“试错成本”也随之降低。此外,信息传递的便利性也使得工业品企业上上下下都认识到在互联网时代拥有一个辨识度高的品牌变得比以往任何时候都更重要。

然而,不少现有工业品营销人格局都比较狭窄,要么仅仅偏重于传播的

"术",要么还在产品技术的海洋里挣扎。而工业品行业目前正在兴起一轮对具有复合能力,具备丰富的跨渠道和数字化运作经验的新营销经理人的巨大需求。这也是我想写这本书的初衷之一:希望本书能够为一同在路上奋斗的工业品营销人提供一些思路和灵感。

目　录

第一部分　视野篇

工业品营销完全不同于消费品营销。要做好这项工作，首先要具备全面的视野和以业务为出发点的逻辑思维。而这个视野不仅包含了营销工作中重要的传播之“术”，更包含了对这个业务模式进行解析和重建的运营之“道”。只有具备了宏观的视野，才有可能建立起更大的营销格局。

第二部分 修炼篇

一个成熟的工业品营销人要具备科学的方法论、丰富的行业经验、一定的技术和应用知识、跨部门的沟通能力、快速的学习能力、一定的谈判技巧和管理技巧等素养。但更为重要的是,工业品营销人需要具备能站在企业战略高度去思考的格局。

第三部分 新商篇

电商作为当下工业品营销人不得不学的"一门课程",也已经成为众多工业品企业招募营销管理者的一个重要考核标准。营销人不再是只要懂得如何把客户吸引过来就可以,还要能够管理之后的销售转化,并且利用多平台的不同优势,做好合理的成本投入计划。

第一部分

视野篇

工业品营销完全不同于消费品营销。要做好这项工作，首先要具备全面的视野和以业务为出发点的逻辑思维。而这个视野不仅包含了营销工作中重要的传播之“术”，更包含了对这个业务模式进行解析和重建的运营之“道”。只有具备了宏观的视野，才有可能建立起更大的营销格局。

01 洞察：工业品营销与消费品营销完全不同的方法论

工业品营销的需求源于企业数字化变革

营销在工业品企业中一直不是一项占主导地位的工作内容，因为它的收益很不直观。反而原本隶属于营销但因为表现抢眼而独立出去的销售部门，倒是一枝独秀，十分惹眼。然而，随着数字化变革浪潮的推进，工业品营销也开始逐渐展示出其独特的作用。这其中既有长尾客户需求的出现，也有个人通过自媒体放大声量，更有信息爆炸时代下“品牌”对消费者心智上的作用更加明显等方面的原因。在开始谈营销之前，让我们先来聊聊企业数字化这件事。

当下工业品企业数字化的主要目的

凯文·凯利在《失控》这本书里提到的许多观点正随着当下互联网技术与各个行业的迅速交融而越发显示出它的前瞻性。其中有一个很重要的，贯穿全书的核心观点就是人类现在通过技术创造的非自然的世界就像天然世界一样，很快就会具备自治力、适应力和创造力，我们也将随之失去对它的控制。我对这个观点比较认同，我认为企业数字化实际上不是企业自身的主动选择，而是整个社会形态变化对企业蜕变提出的一种要求。

技术发展是驱动社会变革的先决条件

在氏族社会和农耕经济时代,由于生产力的落后和通信能力的限制,往往无法产生社会协作和行业大分工。因此,封建制度是鼓励大家自给自足,形成小型生态圈的最好社会制度,同时,基于贵金属交易的金融体系也是最能够保证公平和稳定的经济制度。当时,作为决定整个社会政治经济的最底层技术和生产力,根本无法衍生出对现代经济学里的那些概念的思考,比如如何降低边际成本。

直到工业革命的到来。为什么叫工业革命,而不叫资本主义政治体系革命呢?其实,它反映的核心还是技术和生产力的急剧变化,使得原本的经济模型和再上层的政治和社会制度产生了冲突,基于这些冲突又诞生了更能适应并且能够加速这种技术升级变化的新经济模型和社会制度。经济学本身就是一门研究效率的学问。它是为了解决如何提升社会生产力从而产生更大效益问题应运而生的。当大机器时代来临之时,现代经济学也伴随生产力的发展诞生了无数经典的、到现在依然作为经济学研究根基的重要理论。当然,大机器生产时代所倡导的是中心化的经济模型和社会形态,通过把散乱的资源整合在一起产生合力。那个时代许多技术的发展是趋向集中式的,如集中供水供暖替代了原来各家各户的自给自足;如大型公共交通运输的迅猛发展,使得城市聚集了越来越多的人口并成为庞然大物。这些技术的产生并非是没有缘由的,而是一个时代的资源现状和人们的潜在需求使得必须大量地集中起分散的资源,通过社会分工和协作才能让生活更便捷、更美好。

技术发展到一定程度会引发经济体系和社会的变革

显然,如果生产力因技术的变革产生了重大的拐点,那么与此相关的学科研究肯定也会产生巨大的变化。这一百多年来,无论各行各业的技术如何进步,都是在原本大生产协作模型下的线性发展变化,即生产效率的提升和产品性能的升级。经济学在这样的大背景下发展,在已有的主流经济学理论之外,实际并没有太多颠覆性的理论模型被提出。归根到底,社会的经济模式还是由主流生产力技术的发展来决定的。如果技术上没有颠覆性的突破,就很难产生新的经济模型,从而催生新的经济学理论。当然,个别技术的突破并不能够立刻催生全新的社会形态。这就好比学语言,最开始学的时候,你会感觉上了很多堂课之后好像还是在原地踏步,直到有一天早上你起床突然发现一切变得不一样了。由量变引发质变,技术发展诱发的经济模式或社会形态的变化,与语言学习的过程一样遵循着台阶式而不是线性渐变式的变化曲线。

分布式技术和分布式系统的出现

天下大势,分久必合,合久必分。我们已经经历了三次工业革命,从蒸汽时代到电气时代,再到自动化时代。而最近一次正在发生的数字化时代的工业技术革命有别于前三次工业革命的核心差异在于,前三次都符合集中式的发展思路,而这一次是转向分布式的发展方向。集中式和分布式的最大区别是决策权的分配问题。顾名思义,集中式的权力会形成金字塔式的聚拢,而分布式却是要赋能每一个分布点,使个体形成更多的自主能力来实现目标。这种权力导向的变更会带来权力既得者们的强烈抵触,也因此大大增加了变革的难度。

我们看看新一轮的技术发展变化趋势和前一轮改革中的集中式理念是如何背道而驰的。AI 其实是完全分布式的系统,因为现在的 AI 发展方向就是让一项 AI 技术只负责一个任务。谷歌的 AlphaGo 只会下围棋,换了五子棋未必行。如果要让一个机械臂接住下落的球,最好的方式不是用一套大脑系统去控制所有的机械运动,而是把它分成若干步,由不同的运算单元去单独分析和执行每一个节点的行为,即变成完全分布式的决策系统。例如,充电汽车可以随处找到充电桩而不需要再跑到 5 公里以外的加油站去加油,电能的产生过程相比石油的冶炼过程更契合分布式系统的特点。区块链技术更是把互联网和云技术运用到了极致,是完全的分布式技术。增材 3D 打印技术使得生产更加离散化、碎片化，可以不依赖集中式大系统而独立完成复杂的制造工艺。

当然，很多技术的发展都要归功于互联网，尤其是移动互联网技术的发展。在这项技术的基础上发展出来的移动支付和位置服务能力更进一步地推动了各种分布式系统的发展。所有这些技术的诞生，看似毫无关联，实际上是密切相关的。即使目前这个技术的发明者没有发明这项技术，也会在差不多的时间由其他人创造出相似的技术。分布式技术和分布式系统的到来，是社会发展过程中不可避免的趋势。

前文我们提到，技术进步所带来的改变并非线性可察觉的，而是需要各个领域的技术如核裂变般迅速涌现出来后，从而产生量变到质变的结果。这种情形在互联网时代，尤其是移动互联网产生后，正在加速转化。看看各行各业单位时间段内诞生出来的新独角兽企业的数量，我们发现，创新以及随之而来的技术突破的过程正变得越来越短。与此同时，已经有经济学家开始研究基于区块链技术的经济模型和理论，现有的各种共享单车、共享住宅、分时租赁等共享经济模式，正是原来主流经济学之外的新的经济模型和理论基础。而共享经济恰恰是非常符合分布式决策和分布式系统的理想社会形态。从技术变革开始，到经济模式变更，再到社会制度和形态的变迁，都是从集中式到分布式的转变，这符合了当前时代背景下整个社会的发展变化方向。

对企业来说，在这样一个时代更替的节点，应该如何调整自身来适应这一系列变化呢？实际上，最直观的答案就是顺应这种变化的趋势，将企业向分布式决策系统和分布式架构方向调整。那么，如何能够让我们的企业在分布式系统架构下依然高效运作呢？其实，这就是企业实现数字化的目的所在。企业进行数字化变革，可以形成原本无法想象的扁平式协作平台和沟通渠道，让员工可以在相同的信息流和数据流下协作，就好像是工厂里的生产线一样。信息流和数据流代表了流水线的传送带和看板指示系统，大家不再单纯依靠点对点的沟通来传达信息，或者通过由中心向四周广播的信息传递方式来协调，而是完全依照自己的授权和职责范围，通过信息流和数据流提供的判断依据实现协作。

所以，企业现在做数字化，不只是表面上那些拓宽销售市场渠道，更好地适应客户关怀的新营销手段，也不只是提升企业内部和外部沟通效率，提升企业整体竞争力的管理工具，而是在整个社会体系转型到以分布式技术为导向的下一个时代必须经历的自我转型过程。从某种意义上来说，数字化才是每一个企业必须经历的一条与时代变迁同行的道路。

工业品营销不是让推销或销售变得多余，而是让其变得更简单

在谈工业品营销和消费品营销的差异前，我们先来聊聊什么是营销。有无数营销大师和畅销书作者都已定义过营销这个概念。但不论是将销售定义为推力（push），将营销定义为拉力（pull），还是将销售定义为营销的一种手段，我们都可以将营销定义为把产品和服务通过最优的方式销售给客户的流程和手段。彼得·德鲁克认为，营销的最终目的是使得销售变得多余。这一观点在消费品市场领域应该是有意义且值得推崇的。但是，在工业品领域，这一观点并非那么适用。不管是推销还是销售，究其本质都是营销的一部分，一旦客户对品牌的忠诚度足够高了，推销就会变得多余。但是，要达到这一目标，所要付出的成本和时间，可能会是无比高昂的。尤其是对于 B2B 行业来说，因其购买决策链的复杂性，以及行业消费者较为理性，都使得用营销来完全取代推销是不现实的。所以，在 B2B 行业看来，营销的最终目的并非是让推销或销售变得多余，而是让推销或销售变得简单。换句话说，B2C 的营销是一种与消费者建立直接联系，改变消费者心智，从而推动消费者产生购买行为的手段；而 B2B 的营销是为销售和渠道赋能的一种手段和策略。B2C 营销可以越过销售人员这个中介，而 B2B 营销却很难。如果我们没有搞清楚这两者的区别，对两种营销的差异化目的不做区分，那么很可能会出现事与愿违的结果。

我们先来看看实际业务中 B2B 的营销是如何为销售和渠道赋能的。我们都知道，很多 B2B 产品都是需要大量售前服务的，而售前服务其实就是营销工作的一部分。在商场，我们能看到很多化妆品专柜有导购帮客户化妆以测试产品的效果，相比其他渠道的销量，这部分基于客户引导和售前服务

而产生的销量甚至可以忽略不计。但如果是在 B2B 的业务中，类似销售渠道的购买转化率会非常高，甚至在客户已经接纳并开始使用产品之后还会有大量的这类沟通工作需要继续，以保持客户对产品的熟悉程度以及对品牌的忠诚度。所以，B2B 营销工作对于销售和渠道的第一项基本赋能是在售前提供充分的产品信息。

如果你对一个行业足够了解，有时候你只要通过比较同一行业的两个公司同类产品的技术样本就可以大致推测哪家公司可能处于更加领先的地位。很多公司印刷的技术样本和资料纸张粗糙，设计简单，缺少图片和示例，翻译也不到位，通篇的专业术语更是晦涩难懂，还夹杂了大量的缩略语。可能在一个资深的老用户看来，这些样本信息已经是相对完整的了，但对于一个从未接触过这个品牌，才刚刚开始学习设计和使用这类产品的用户来说，就会觉得这个品牌的产品相比另一个样本清晰的品牌使用起来更困难。

做好产品信息管理

随着数字化和信息化时代的来临，PIM（product information management，产品信息管理）不断地被提及，并上升到公司战略层面来落实。狭义的 PIM 其实就是我们刚说的产品信息提供，属于营销及产品管理对销售和渠道的赋能手段。对于客户来说，好的 PIM 和差的 PIM 差异非常显著。这里的差异可以用四个维度来衡量：产品信息的完整度，产品信息的逻辑性和关联性，产品信息的丰富度（即多媒体展现效果），产品信息的易读性。当然，还有一个前提要说明，就是 PIM 作为产品最完整的数据库，一定是唯一的，而不能建立多个甚至互相矛盾的 PIM 系统。

产品信息的完整度，这个概念最容易理解。它指的是所有产品是否都建立了相关的数据库，以及与产品相关的所有信息是否都已经包含在内。产品信息的逻辑性和关联性，反映了从不同用户角度出发寻找到准确的产品信息的难易程度。B2B 企业如果在这一点上做得足够好，可以纠正一些客户错误的选型，并且帮助客户举一反三地获取更多有价值的关联信息。产品信息的丰富度指的是产品信息的多媒体呈现效果。有很多传统工业品的产品信息在过去的几十年里就只有一张单线图或一堆曲线参数,图纸也是黑白的。这样的产品信息呈现方式怎么能够满足客户不断提升的需求呢？产品信息最终是为用户服务的。产品信息的完整性又往往和产品信息的直观性是有冲突的。我们为了实现某个目的去寻找和使用一部分产品信息时,当然不希望从浩瀚的文字和图片内容中去挑选,而是希望能够快速直观地找到所需确认的信息。如今,随着数字化手段的提升,这些本来不可兼容的矛盾冲突已经被很好地解决了。然而,我们大多数工业品公司都还停留在产品信息完整度不够和多媒体呈现效果较差的阶段,离因为信息程度过于丰富而干扰用户信息检索效率的情况还差得有点远。

PIM 不只是静态的产品信息管理

当然,以上都是狭义的产品信息管理的定义。广义的产品信息管理可以衍生到产品设计和使用的信息化程度,对第三方数字化平台的调用,产品的全生命周期和维保需求的信息化管理,等等。我们在这里就不一一展开了。可以举两个例子来说明 PIM 做得好的企业因此获得的一些优势。

我本科学的是电气工程自动化专业,我们在学电力设计的时候,用的很多示例设计图都是 S 牌的产品,因为他们的信息很早就进入了很多电力设计院的设计库,也比较容易从各个设计院获取该产品过往的案例。等到我们这些毕业生踏上工作岗位后,在看到 S 牌的产品型号就会有莫名的亲切感。这样 S 牌就不用再耗费过多的成本去做市场营销推广了。

另一个案例是我有一次去参观学习地铁站的项目设计工作。上海地铁由于技术评定标准比较高,用的辅助设计手段也一直比较领先,几年前就已经用了全 BIM(building information management,建造信息管理)系统来做项目设计的验证。很多建材和设备厂商也在那些年就开始着手布局自己的产品在配合 BIM 系统的产品信息化工作,并建立了自己产品的 BIM 数据库(其实可以认为 BIM 就是进阶的 PIM),开放给主流的设计平台。对于设计师来说,就算目前没有把采购和预算直接和这套系统挂钩,但是这么多年一直用这些平台做设计,也渐渐对这些厂商的产品耳熟能详了。而对这些品牌来说,将来产品通过不同渠道推向市场时的阻力就会大大减少了。

B2B 工业品营销在售前阶段除了通过建立完善的产品信息对销售和渠道赋能之外,还能在以下三个方面做出努力来使得销售工作变得更加便捷:第一,建立差异化并且明确的产品市场策略;第二,做好用户的需求调研、产品的市场预测,通过高效的产品管理方式,不断改善产品在市场上的用户反馈并建立良好的口碑;第三,通过新市场拓展,新客户认可的产品性能上的拓展,合理的产品研发和上市计划来保持业务的竞争力和总体的利润率。

以上这几点基本上就是 B2B 工业品营销工作的核心内容了,每一条其实都不简单,单独一项都可以展开来说很多。这里我们先不逐一展开,等到后面章节再慢慢来解读。

工业品营销中越来越重要的市场沟通工作

随着数字化时代的来临,原本相对不被重视的市场沟通工作作为工业品营销的一部分也变得越来越重要。利用日新月异的数字化手段,加强市场沟通工作,也是使得推销工作变得更加轻松的一项重要工作内容。当今的 B2B 市场沟通工作已经不仅仅是原来传统 B2B 工业品营销定义的市场营销的"老三样"活动,即展会、研讨交流、行业媒体发布,还包含了自媒体(新媒体)运营、内容建设、粉丝(会员)管理、渠道前端激励、客户画像数据库的建立和管理、线上线下整合营销、品牌营销和品牌管理等。

事实上,B2B 工业品市场沟通工作不但发生在销售前期,即使在完成了某个客户或项目的销售工作后,也还是可以继续进行市场沟通工作。这是因为,首先,大多数 B2B 客户都是相对长期的重复购买型客户。在一次项目建成后交付用户使用,在后续使用中,用户出于运维的需求也可能会持续地购买这些产品。所以,良好的市场沟通可以围绕诸如降低客户在首次采购和复购环节的各种间接成本,从而降低客户持续支出的直接成本(价格),以此保持客户的忠诚度。其次,B2B 产品的购买群体在做出采购行为时,大多数时候就是为了完成一项工作。因此,采购人员购买后产生的"后悔情绪"越少,其耗费的精神成本就越低,也就越不会考虑更换产品或再次议价。而良好的市场沟通工作可以大大降低这个精神成本。

“精神成本”是工业品消费者的一项重要成本

在相同情况下,精神成本越少,客户总成本就越低,客户的感知价值就越高。相反,精神成本越高,客户的感知价值就越低。而精神成本在我看来就是在你做了一项决定后,因为各项负面精神压力而产生的额外心理成本的总和。比如说,某个朋友月底发了工资,下班路上经过一家男装店,发现橱窗里的定制西装款式很不错,于是就进店准备选购。经过不同店员的轮番推荐,这位朋友在犹豫中还是决定定做一套标价为 5 000 元的西装。虽然店员号称这套西装用的是从意大利进口的面料,但朋友一下子花了大半个月的工资还是有点不舍。本来他自认为买一套西服能穿好几年,平摊下来也不算太贵。所以,尽管他付钱的时候有那么一点儿精神负担,隐隐感觉自己有点冲动了,但还是能自己消化掉。没承想他从这家店铺出来一抬头,看到对面某著名意大利品牌的成衣西装有特价活动,一套同样意大利纯进口面料的西装只要 4 888 元,他立刻就后悔了,觉得刚才太冲动了。这种“后悔的情绪”就是所谓的精神成本。

在这种情况下,如果这位朋友回到家里有家人问起他买的西装的价格,为了使自己的决定看起来还算合理,他会报一个比实际购买价格稍低一点的价格。我们可以假设在他走出店铺的时候看到对面意大利名牌西装打折信息的那一刻,他购买西装的店铺的店员恰好追上他跟他说:“先生,我们这套西服会送到法国去制版和缝纫,提供终身维护服务,只要有任何尺码变化或者破损,我们都免费修复,保证您穿一辈子。”那么他的后悔情绪即“精神成本”就会迅速消失,并且他还会主动跟他的家人、朋友聊起这件西服,然后向他们推荐,即使它的价格并不是很便宜。

事实上,B2B 工业品的消费者很多时候并不是花自己的钱,而是花公司的钱,因此,购买决策中所耗费的时间、精神成本等间接成本项才是实际采购者自身真正付出的成本,也是他们更关注的内容。所以,就 B2B 工业品营销中的市场沟通工作来说,通过不同营销手段来降低以上这些成本才能更好地获得客户。

而在消费品领域，产生的间接成本可能有两种做法来消化。一种就是和工业品一样，通过各种手段直接降低这些采购环节中的其他间接成本。比如，电商就是这样一种手段，它至少使得消费者的购物时间变得更灵活。另一种则是通过提升客户的需求，使得产品能够从满足客户的基本需求向更高层次上的需求跃升，从而提升产品和服务对客户的综合效用来达到提高客户预期的结果。通常，大多数奢侈品品牌都是通过后面这种方式来补偿客户所耗费的间接成本的，不但帮助客户消化了因高昂的间接成本所导致的精神成本，比如订购周期长，款式、价格信息不透明，还能消化过高的直接成本带来的影响。

不过，后面这一种提升需求层次的手段只能在消费品或个人购买领域使用，无法在 B2B 工业品业务里发挥作用。举个例子来说，一个消费者会因为买了一个国际大牌的包包而觉得心满意足，但他很少会因为为公司采购了一批国际大牌的设备而觉得自豪。所以，个人消费品领域的营销可以从降低消费者间接成本和提升消费者需求层次两个角度入手，而对公业务的营销基本只能从降低消费者或采购人员的间接成本入手。至于提升企业客户的需求层次，也并不是不能做，但这与目标企业客户自身的市场战略定位相关，要说服公司董事长认可这个价值才可行，很难在一个采购环节上完成。

02 辨别：到底谁是工业品企业的核心竞争力，“销售”还是“营销”

当下，随着互联网热潮的兴起，B2B 工业品行业内似乎人人都在谈互联网营销，尤其是社群营销和内容营销。似乎一夜之间，这些工业品企业的市场和销售团队的关注点一下子就从怎么跟踪项目、搞好客户关系变成了怎么把自己所在的公司包装成行业意见领袖了。人们对广告内容的偏好也变成更加爱看各种娓娓道来的东西，而对那些花里胡哨的硬广告失去了兴趣。营销这件事跟时尚一样，是一波一波地变换流行趋势。

有时候，我在谈到“营销”这个词的时候会感觉有点纠结。一方面，我认为“营销”应该是一套从客户市场洞察，到产品创新，再到策略定位，最后再落地实施的完整过程。“营销”不是“促销”，它不只是涵盖在整个“营销”工作中的那部分关于如何通过各种“花团锦簇”的手段，向消费者和市场传递品牌信息的狭义的市场推广工作。另一方面，往往营销所涉及的那部分市场的顶层设计未必能被许多公司的市场经理们所左右，甚至无法被在华外企的中国管理层所左右。于是，在不能改变商业模式和产品内容的情况下，只有定价和市场推广是可以被掌握在市场部和营销部的负责人手上的。所以，我们现在所说的“营销”，在很多时候，就只能谈谈那部分狭义的市场推广工作了。

销售和市场，究竟谁是公司的“王牌”？

我曾经在 B2B 工业品公司管理过多年业务相关的团队，也深深明白很多 B2B 工业品大公司里的销售常常会从骨子里觉得自己是多么的了不起，甚至会认为是自己养活了整家公司。我和外企的销售们打过很多年交道,从客观公正的角度上来说,很多销售人员的确是很了不起,很能干,很能吃苦。这主要是因为外企的条条框框太多,能在这些条条框框中把一件按行业标准生产的工业产品以一个远高于同行的价格卖出去,且让客户们先付全款,再等上好几个月收货,确实是一件不太容易的事。

但是,有时候销售们没有想明白的是,公司能招收像他们这么优秀的人才,难道会对其他岗位的招聘就放任自流?显然,我们每个部门的同事都很出色,所以才能提供给销售部一个可靠的平台支持。这个平台包括了产品、技术、后勤、财务、法务、生产、物流等。如果其中有任何一个部门没干好本职工作,那么销售们很可能没法搞定客户,拿下订单。

公司的业绩增长其实是因为"各司其职,各显其能"

其实,公司能取得稳定增长的原因很简单,就是因为大家"各司其职,各显其能",整个团队都是在围绕客户需求和市场竞争展开协作。有的销售可能就不服气了:我的工作挑战性大,压力大,而且我们竞争对手的产品和我们也都差不多,大家同样去竞争客户,最后有的成功了,有的没有,难道不正说明了"销售"的重要性吗?

这里我可以跟大家举个例子来说说销售对于 B2B 业务为什么会显得如此重要。假设每个公司都如同一支军队,军队里面有骑兵、步兵、弓箭手。一般来说,将军都会根据敌人的情况排兵布阵,选择最适宜的兵种克敌。而 B2B 业务的市场情况就是,往往你拉着整支队伍跑到一座山头向下方战场一望,只有稀稀拉拉的几个敌军游骑兵在四处游弋。这时候,如果将军派遣步兵,根本追不上敌军;如果派遣骑兵,一旦敌人四散奔逃想要完全歼敌就得投入大量兵力,成本太高。于是,弓箭手就成了此时的最佳选择,甚至有些神射手能做到百步穿杨,都不需要万箭齐发就可以把那些游骑兵各个击破,做到以最小的代价换取胜利。

久而久之,不只是弓箭手自己,尤其是那些神射手,甚至连其他兵种的士兵都觉得这些"射弓箭的"才是军队中最重要、最精锐的部队。然而,换个角度来看,要是没有步兵在阵前,骑兵护着两翼,光是这些弓箭手,也许还不等他们集结完毕,那些敌方的游骑兵就冲过来把弓箭手们给击溃了。所以,弓箭手能否最大限度地发挥他们的作用,完全取决于是否有其他兵种的协助。反过来说,如果面对的敌人是一大群骁勇善战的骑兵或者一队全副武装的重步兵,那么弓箭手的作用就会变小。

事实上,B2B 业务面对的“敌人”正在悄悄地变化,变化的原因既有传统渠道客户的下沉,客户变得更加离散;也有大客户的行为渐渐固化,长尾市场的重要性凸显。总之,随着人力成本的上升,以及三、四线城市需求的增长,长尾客户价值的显现,渠道的下沉等变化的出现,单纯增加销售覆盖面或者试图通过招揽更有经验的销售人员来保持快速增长,已经变得越来越困难了。这就使得销售之外的其他市场营销手段,在不同客户群和不同市场的作用下,逐渐被重视。如今,销售作为市场营销手段之一的这个定位,也终于复归了。反观过去 20 年的情况,由于销售这个手段实在太好用,以至于销售部能够作为一个独立的部门与整个市场营销部并驾齐驱,甚至凌驾于市场营销部之上的情况应该会慢慢成为历史。

新形势下,见招拆招,遇敌遣将

B2B 工业品营销的最终目的不是让销售(推销)变得不必要,而是要让销售变得更简单。其实,在我看来,市场营销和销售两个部门之间完全没必要互相争个“你死我活”。而究竟是由销售还是营销来主导,完全取决于实际情况下的见招拆招。双方最终的目的都是为了能够让客户满意,获得订单的增长,同时不额外产生更多的成本。如果说市场营销的目的是为了使销售变得更容易,那么也完全可以反过来说销售是为了让市场营销的成果更容易体现出来。这就好比商家好不容易通过广告、招牌、传单等把客户吸引到店门口,但是客户还在犹豫要不要进门的时候,店员主动打开门出来迎接,那客户很可能就进去了。反之,如果非要追求“完美”,让客户自己推门而入,那很可能把事情变得复杂且增加额外的成本。

很多传统业务公司做了几十年线下业务,建立了完善的销售和服务网络,以及庞大的经销商团队,然后看着同行们开始涉足电商,便开始纠结:到底是做互联网营销和电商好,还是不做好?如果做了,那该怎么定位线上和线下的业务?如果不做,那自己以后会不会后悔?其实,用我们说的这套"见招拆招,遇敌遣将"的方法,只要分析清楚目标客户群体的属性,就能找到最合适的方法来向他传递企业品牌和产品的信息了。

正确看待"其他人"在互联网营销上的强势出击

很多优秀的 B2B 工业品企业用了很多年时间好不容易建立的销售和分销网络,到底是企业的优势还是累赘,这完全取决于企业商业模式转型的策略。在我看来,大部分企业已经积累的资源根本没有必要推倒重来,做所谓的"明明有一双好鞋,非要光脚去和人赛跑"的事。如果一个公司能够把互联网的营销传播能力和线下销售的转化能力结合起来,再利用经销商网络提供的"最后一公里"服务上的优势,做到线上线下优势互补,那么销售和营销之间都不会抗拒彼此的存在。而如果非要证明自己存在的价值,而坚持另辟蹊径搞"专管专营",那最后的结果很可能是到处树敌,事倍功半。当然,并不是你想打入"敌人"内部就一定能做到,新兴事物想融入传统线下业务的圈子,还不一定能如愿。这时候就要求高层看得更清楚,做好大局协调的工作,抑或是让一个有足够人脉和超高情商的人来做这件事,慢慢融入对方。

B2B 公司里市场部和销售部之间的关系实在是扑朔迷离。有市场部完全支持、服从销售部意见的(目前在 B2B 工业品公司占多数);有市场部和销售部互相看不上对方,各自较劲的(既有民用渠道客户,又有工业大客户的工业品公司);有市场部和销售部和和睦睦、客客气气、互相尊重的(产品很好卖,利润相当高,大家日子都不错的 B2B 工业品公司,往往处在小而美的行业);也有很少一部分销售部会愿意听从市场部指挥和调度的(老外做市场总监,总部直接发指令,销售在本地的 B2B 工业品公司)。但是,随着市场的变化,客户对品牌认知的意愿越来越强烈,相信二者之间的合作将会越来越多,也会越来越密切。

03 重建：工业品营销中的客户洞察、客户体验和客户旅程

从字面上看，工业品营销中的客户洞察、客户体验和客户旅程这三个概念似乎和消费品领域涉及的类似概念没什么不同，但这三个概念在工业品营销领域和消费品营销领域的应用却完全不同。让我们一起来认识工业品营销中的这三个概念。

工业品营销也需要建立“客户洞察”

我们如果看过营销相关书籍，或者做过营销工作，那么对“客户洞察”(customer insight)这个概念就一定不会陌生。简单地说，“客户洞察”就是基于对自己掌握的客户信息和数据的分析，运用自己的洞察力和逻辑分析能力获得典型客户的特征和需求。从这个定义上来看，客户洞察应该是某一个瞬间，洞察者利用数据依据加直觉经验判断形成的客户画像。这个画像可以是速写，也可以是在素描后花一定时间用不同色彩勾勒出细节的油画。不论是以上哪一种类型，这个画像都是静态的。因为这个画像的形成是对客观存在的认知和记录，所以，我们认为客户洞察本身应该是属于一种静态的、被动的结果。

消费品行业客户洞察是洞察“需求”

大家知道 COACH(蔻驰)这个牌子在美国其实是一个轻奢品牌。与很多美国的设计师品牌一样，到了中国以后摇身一变成了“大腕”。COACH 进

入中国后迎来了此前品牌方始料未及的一个新消费群体——“中国大妈”。她们买奢侈品的主要消费诉求是“忙碌了一辈子，到了晚年，要对自己好一点”。所以，对这类客群而言，进口名牌手提包是一定要买一个的，而她们绝大多数人脑海里最先想到的奢侈品牌可能就是 LV 了。不过，这些勤俭了一辈子的“中国大妈”们虽然嘴上说要挑最好的，真到要下手时，还是有点舍不得。于是，她们在逛完一圈商场的品牌专卖店后，心里还是没舍得花 5 位数的价格去买一个名牌包，而是走进了 LV 对面装修得也很奢华的 COACH 专卖店。她们进店后发现 COACH 很多产品的款式和风格看上去和 LV 差不了太多，也有密密麻麻的 Logo 设计，但价格却比 LV 便宜很多。一旦有了对比，觉得划算了，她们就会立刻付款买单。虽然她们实际花了可能比美国百货商场全价还贵的价格买了 COACH 的产品，但她们依然会直呼“划算”，甚至劝说她们的好友一起来买。在我看来，COACH 的客户洞察结果就是给“入门级”奢侈品消费者提供那些他们负担得起又具备了一定的奢侈品消费元素的轻奢产品。

从“客户洞察”转变为管理“客户体验”

客户洞察是一项非常基本的营销前期行为。在客户洞察的基础上，我们上升一个层面，提出一个叫客户体验（customer experience）的概念。客户体验是动态变化的，是可管理的。对于同样的商品或服务流程，不同的客户可能会产生不同的体验。所以，客户体验是指在一段时间内，客户对商家提供的商品或服务的综合评价的动态均值。

什么是“动态均值”？简单举个例子，一组数 1、2、3，其均值是 2，如果再加一个 4，均值就变成 2.5。这个均值就是动态均值，它随着统计样本的改变而不断改变。所以，假设 A 商店有一群满意的客户和一个愤怒的客户，他们所产生的客户体验的动态均值，很可能与有着一群感觉还凑合的客户的 B 商店的客户体验动态均值在某一个时间点是一样的。如果之后继续统计这个均值，可能 A 店的客户体验动态均值又会超越 B 店，反之亦然。

客户体验动态均值不只和商家的产品或服务品质有关，它是一个动态变化的、与客户预期呈负相关的数值。也就是说，客户预期越高，可能他/她最终的体验感受越差；客户的预期越低，有时候他/她所获得的体验感受反而越好。比如，你要是去劳斯莱斯的门店，看到他们招待客户用的是雀巢速溶咖啡，那你很可能会觉得体验很差。反之，你要是在四线城市的招待所里看到水杯旁放有两袋雀巢速溶咖啡，那你感觉一定还不错。所以，很多时候，如果企业广告做得太好，反而不利于创造良好的客户体验。类似的事情在房产销售上最易出现。在售楼部，你常会听到类似的抱怨——"说好的2 000平方米的独立会所呢？""说好的英式古典园林呢？"……

所以，要创造良好的客户体验，一种好的策略是先做到言行一致，然后尽量表现得谦卑一点。

改变"客户体验"和"客户洞察"，从设计"客户旅程"开始

在有了客户体验动态均值这个数值后，我们能否由此改善这种体验或者改变我们的客户洞察呢？这就要求我们不单单是被动接受从客户那里得到的"反馈数据"，而要引导和调整客户对我们的看法，使客户对我们的认知趋向于正面的、积极的方向。这种管理和改变客户体验的方式，我们称为客户旅程设计（customer journey）。

我们举个例子来说明如何通过设计客户旅程来改变客户体验，从而调整客户洞察。假设市场上有三类红酒的潜在目标客户群，分别是红酒初学者、红酒爱好者和红酒收藏家。按照正常的客户洞察结果，类似拉菲这类著名的红酒品牌应该把10年以上年份的主牌好酒卖给红酒收藏者，将当年和较近年份产的主牌红酒或较好的副牌红酒推荐给红酒爱好者，而将其投资的新世界酒庄出产的产品卖给红酒初学者。然而，我们能否改变这种洞察结果，让红酒初学者花费上千元成为拉菲副牌的客户，让普通红酒爱好者花2万元买一瓶真正好年份的拉菲呢？答案是可以通过设计好的客户旅程实现这一目标。

比如，我们邀请红酒爱好者们参加一次拉菲官方组织的专业品酒会，由这些红酒爱好者们认可的品酒师带领他们去品尝各种不同年份的正牌和副

牌的红酒,随后把各个年份的产量和窖藏量都告知他们,让他们对这些红酒的价值了然于胸,并且深知这些红酒都是限量的。在他们品尝后,告诉他们现在有一种会员服务,只要他们一年之内购买一定数量的主牌红酒,就可以定期给他们寄一些新出的副牌红酒品尝。大家想想,一些红酒爱好者本来就认同拉菲红酒的价值,只是他们或许未能直观地感知主牌和副牌红酒之间的差距,也没能把红酒的价格和其真实价值画上等号。这样的品酒推介活动,让他们充分了解了产品背后的故事和产品之间的差异,结果是应该能促成不少活动参与者购买。在新的客户旅程中,我们需要洞察的客户不只是那些资深的红酒收藏家,还有一部分经过一定引导愿意升级自己消费预算的红酒爱好者们。

因此,客户的需求是可以因我们设计好的旅程而被改变的,而这种改变是主动的、动态的。很多时候,我们设计客户旅程时的难点在于对客户体验后可能会产生的反馈做出预判,从而确保客户始终在我们设计的旅程中前行。比如,我们传统的工业品销售,客户对产品的认知来自品牌方。但到了实际选型和使用时,往往又是经销商替代了品牌方的人员完成了这部分客户旅程。这就好比你在苹果的 Genius Bar 和去苹果公司官方授权的维修网点修手机,甚至是去那些山寨版苹果"官方授权维修点"修手机的体验是完全不同的。体验的不同,就会造成原先品牌方设计的客户旅程所应有的客户体验和种种反馈并不能达到设计的要求,从而不能顺利开启下一步的客户旅程。回到前面红酒的例子,就是出现意外情况,比如活动当天原本的品酒师忽然感觉身体不舒服,来了一个替补,而且还是新人来做替补,结果不能完全清楚地展示出各种红酒的差异,弄得客户云里雾里,反而更加觉得红酒其实都是差不多的,而价格和年份只是噱头而已。

如何在工业品营销中正确应用"客户洞察""客户体验""客户旅程"

回到 B2B 工业品营销工作上来,对于前文提到的客户洞察、客户体验和客户旅程,我们又应该怎样把它们和实际的营销工作挂钩呢?

我们在 B2B 工业品市场营销工作里并不需要对直接客户的个人画像做

出洞察，因为 B2B 工业品行业的实际客户是企业。所以，我们应该做的其实还是对企业主体而非个人的营销，这种决策与执行对象的分离造成现实中对个人的客户洞察意义并不大。

B2B 工业品行业实际洞察的是这家 B2B 公司产品或服务去向的最终市场和客户。工业品一般都是按照标准来设计和生产的，其解决问题能力的属性要远远大于其他“被感知层面”的属性。所以，客户洞察的结果基本就是怎么去帮助客户解决他所面临的一个问题，从而使得客户能够很好地服务于他的下游客户，一直到这条产业链到达最终的个人消费者为止。

B2B 企业对客户的洞察来自其下游的终端客户需求

比如说，有个法国品牌地板公司的地板价格基本都是国产同类地板价格的 5~6 倍。那这个品牌的客户洞察实际上是怎么能帮其客户更好地服务于再下一级的客户。如果该地板公司的主要客户是家装公司，家装公司的主要业务是帮有钱人装修别墅，那么地板公司就得想办法帮那些家装公司更好地服务好这些有钱人。我们可以想象一下，诸如降价、单纯提升产品性能就能得到他们的认可吗？也许多少会有点作用，但是一定不是主要的。而做好市场的营销工作，提升品牌管理效能，提供更好的售前和售后服务，实行渠道保护以及价格的管控等措施可能会比前面提到的降价和单纯的产品性能提升带来的作用更大。

再举一个例子。随着共享单车的兴起，也养活了一大批共享单车零部件制造的 B2B 企业。那些给摩拜和 ofo 提供自行车配件的供应商要考虑的是摩拜和 ofo 的诉求，即能够让共享单车的用户在最短的时间内就近找到不同品牌方投放的自行车。所以，在保证自行车质量和耐用性的同时降低成本，从而使得它们能在短时间内用有限资金购买更多的车辆用于投放才是正解。如果这个时候你提供诸如差异化特性、高端新材料、设计上的卖点、行业品牌价值给这些共享单车公司，并说服它们可以因此获得终端消费者在骑行时看到这些优势并认同这辆车子的性能优于市场上其他竞争对手而更加青睐这家公司，就没有太大意义。所以，单纯地洞察你的直接客户在

B2B 工业品营销里并没有什么用。

不过，B2B 客户的体验还是值得关注的。虽然我们很难真的提升所有客户的体验，也没有必要去逐一解决所有造成客户体验差的问题。比如说，经销商们总抱怨货期不好，而其潜台词实际是希望今天下单明天就交货。对于这个问题，我们并不用真的去解决，因为我们不希望经销商自己不提前备货而把所有的物流、仓储、现金流成本都推给我们。但这些信息可以让我们发现提供某些差异化服务的机会，也许可以获取额外的收入。比如，如果客户提前 2 个月下单，并且达到一定的数量，我们就提供更优惠的价格；反之，就不给额外折扣。如果经销商要求 3 天之内提货，我们甚至还要加价。当然，其原理还是通过客户洞察来发现如何通过帮助这些客户更好地服务下一级客户来做出产品或服务上的改变。那些要求 3 天之内提货的经销商，他们的客户也一定很着急，而且愿意出更高的价格换取时间成本，所以有偿提供更高优先级的发货是合理的策略。当然，即便 B2B 客户的体验不需要一直被提升，但也需要维持在一个合理的范围内，毕竟你不是独自在市场上经营。

完美客户旅程需要公司里每个人的贡献

B2B 工业品营销最重要的一个环节就是做好客户旅程设计。传统的 B2B 公司的客户旅程是从品牌营销、售前到销售，再到售后的跨越众多部门的协作过程。其中任何一环出了问题都会影响完美客户旅程的实现。一般当处于不同 KPI 考核要求下的部门要进行协作时，往往多数人都不会认为整个客户旅程的完美程度是跟自己的工作息息相关的，也不会认为自己就是那个造成客户旅程中断或失败的第一责任人。售后人员一般在接到产品投诉时总认为是工厂的生产质量不好或者销售选型选错了，总之问题不是自己造成的，而自己只是负责帮其他人“擦屁股”。同样，销售员总认为产品定价不合理，或者市场营销推广工作没做好，或者品牌自身不够强势等因素，是造成自己没能把产品销售出去的主要原因。

协作式的客户旅程放在大企业的“集体不负责任制”文化中就更容易出

现问题了。一个设计完善的客户旅程除了可以大大提升客户体验之外,还有可能帮助客户降低诸如时间成本、精神成本、交易成本等其他间接成本,从而降低客户的总成本。因此,它可能会把一部分原来非目标客户转化为目标客户。比如,有些定位中低端的系统集成商基本使用国产零部件生产,但偶尔也会有一些零散订单要求他们使用一些相对昂贵的进口零部件。这时,如果进口零部件厂商的客户旅程设计得很好,就有可能让这些客户通过发掘其"物有所值"的一面,从而弥补其价格上的"劣势"来获得客户认同。不过,实际的情况可能恰恰相反。很多价格昂贵的进口产品厂商除了在产品上还有一些领先优势之外,其对整个客户旅程几乎是完全不管,而直接交由自己的经销商来运营的,最后,反而离市场越来越远。在这一点上,许多汽车品牌做得还是很不错的。虽然它们的客户旅程基本靠经销商4S店来完成,但是它们对这些经销商的要求还是非常严格的,从而保证了自身设计的客户旅程得以贯彻执行。

数字化是改善传统客户旅程的新机会

前面我们提到,传统B2B工业品行业的客户旅程由于具有多部门协作的特性,很难在设计和执行上衔接得天衣无缝。那么,我们可否利用当前一些数字化的工具和平台去解决这些由于跨部门产生的信息沟通不畅和数据丢失问题,从而建立一套完善的客户旅程呢?答案当然是肯定的。这个问题我们也会在后面的一些章节详细展开讨论。这里,我们还是希望B2B工业品营销人先正确认知客户洞察、客户体验和客户旅程三个营销工作的基本概念,并且知道它们和自己工作的相关性以及重要性,从而把精力和时间更好地投入到对实际营销工作更有帮助的那部分的工作上。

04 奠基：学习工业品营销先从理解市场策略和商业模式开始

对于 B2B 工业品行业来说，品牌知名度和吸引客户关注这两件事固然有一定的价值，但是它们对于最终的销售结果来说，往往起到的作用有限。关于这一点，我们身处 B2B 工业品企业的人都有过直观的感受。各家公司年年去参加展会，参展费用是一年高过一年，但是最后能够对市场产生的影响恐怕也就让同行觉得你还是一个“存活着”的对手罢了。那么，工业品的营销需要做些什么工作呢？我个人觉得，做好定位精准的全局市场策略依然是最有价值的营销工作内容。

市场策略是一系列“关于市场销售”的决策的组合

什么是市场策略呢？简单地说，市场策略就是描绘产品与市场之间关系的一系列决策组合。如果非要把制定一整套市场策略的过程用文字表达出来的话，那应该看上去像是在电脑上装 Windows 操作系统的感觉。整个过程中不停让你选择“是”或者“否”，直到你逐条确认所有的细节选项为止。所以，成功的市场策略背后实际上是最优的选择，以及最佳的资源配置的集合。市场策略本身是随着制定策略的企业自身和外界市场环境变化而不断变化的。因此，实际上也不存在所谓的最优市场策略，只有最适合企业当下情况的策略。

鉴于市场策略在 B2B 业务，尤其是在工业品市场营销工作中的重要性，我们在这里多花点时间从策略的大框架开始慢慢展开。

商业模式就是“套路”

市场策略从其商业模式上来看可以分为创新型策略和竞争型策略。那么,我们先问一下商业模式(business model)又是什么呢?有人归纳说,商业模式就是套路。这句话虽然粗浅,但是也不完全错。商业模式其实就是企业为了实现盈利的目的所采用的方式方法。换言之,因为最终的目的都是要盈利,哪怕产品和服务雷同,但中间选择什么样的方式,或直接或迂回曲折来实现这个目的,那就是不同的商业模式了。企业所选的商业模式一定是能最大限度地体现自身优势,以实现商业目的的那套“玩法”。

创新型市场策略和竞争型市场策略

既然市场策略按照商业模式来分可以大致分为创新型策略和竞争型策略。那什么叫创新型市场策略呢?说得直白一点就是,不按照现有市场的商业模式或标准“玩法”来玩,自己建立一套新的游戏规则。因此,也有一些营销的书,把这类策略称为破坏式创新策略。使用创新型策略最大的好处是没有对等的竞争对手。当然,它的坏处和好处一样明显,就是多少有点“孤掌难鸣”。如果这种新规则的制定没有响应者,或者规则建立后缺乏对关键资源的把控,造成其后自身的发展速度跟不上市场增长,反而成了死在沙滩上的“前浪”,那么就会变成失败的创新型市场策略。

一个比较成功的使用创新型市场策略的例子就是苹果公司推出 iPhone。在苹果手机出现之前,手机市场基本是生产商、运营商和电子产品销售商三家玩的游戏。生产商依靠产品的品牌、质量和性价比赢得比运营商和渠道商更多的市场份额,而运营商和渠道商则依靠自身的用户体量来赢得更好的采购价格,从而使得自己的销售价格拥有更强的竞争力。手机市场一直就是以上三家之间的相互博弈,直到苹果 iPhone 的面世。苹果公司把手机从简单的通信工具一下子升级到了个人娱乐终端,直到今天的个人生活服务与娱乐终端,直接涵盖了人们日常生活方方面面的需求。今天,你可以不带钱包出门,却不能不带手机。在这个新的游戏里,通信服务的提供商即运营商的重要性大大降低。而数以百万计的各种 APP 的独立开发商,成了新的同盟军,加入为个人提供更好服务的队列中来。原本靠手机厂商一家无法完成的衣、食、住、行服务的提供反而变成了全社会的商机,成为一种新的业态。而这些新业态的创业者的投入又保证了用户能通过手机平台获得各种更加便利实惠的服务,从而对平台提供方即手机生产商产生了忠诚度。这种品牌忠诚度又大大削弱了原本渠道销售商的价值,使得厂商可以利用自身品牌的号召力来直接获取最终消费者。我曾听苹果公司内部的员工说起他们的渠道分销商只有 2%的手机销售利润,而主要依靠销售配件和提供一些服务来盈利。但是,依然有大把人削尖了脑袋往这个看似微薄的新利益链里钻。

应用创新型市场策略带来的最大好处是市场定价权的获取和产品市场标准的制定。大量的跟随者会通过模仿市场领导者的产品和参考其定价逻辑来确立自己的市场定位。市场领导者可以完全按照自己对产品性能所期望的价值和目标客群能接受的最大预算来定价,从而获取超额利润。并且,市场领导者还能分享到所有其他跟随者们在共同教育市场和转化新消费者时所带来的增量市场。

然而,一个公司的创新型市场策略并非是一成不变的。恰恰相反,创新是相对难以长期维持的。一旦你的创新带来的差异化优势失去了,你就必须及时把市场策略改为竞争型策略,否则,你的消费者就不会为此买单。同样,我们还是拿苹果公司来举例。事实上,自从 iPhone 4S 问世后,此后 iPhone 系列的创新都是局部的性能迭代和辅助功能的增强。目前,iPhone 系列除了在系统的稳定性、安全性、使用的流畅性上还略微有一些差异化优势之外,其他方面已经快被跟随者们追上了。而从 iPhone 一代比一代更高的销售价格来看,其唯一坚持的差异化定位就是把自己往电子产品中的奢侈品去定位了。即便这是一种创新,那么,又有多少客户愿意为手机的奢侈品属性买单?大家看看 VERTU(纬图)定制手机就大概能有所了解了。当然,也有 8848 这种采用纯奢侈品策略的伪高端定制手机产品,只求最贵,不求最好。毕竟比起花 1 万多元买一部 iPhone X,不少用户会选择实际功能相似但定价只有 iPhone X 一半的国产品牌手机。尽管用户为此可能要多花一段时间从一个熟悉的操作系统转向另一个不太熟悉的操作系统,但其实 iOS 和 Android 两个系统间的使用体验已经非常接近了。这就是一个创新型市场策略走到末路的情况。

当然,一个企业要能使用创新型市场策略还需要具备很多先决条件。比如,拥有一个有远见和大格局,同时又能够真的说了算的领导人。所以,成功的创新型市场策略是比较稀少的。对于我们工业品行业的营销人员来说,在工业品这种比较传统的市场领域,竞争型市场策略往往更加容易实现,也更有效。

从 iPhone X 背后的商业逻辑看创新型策略的起落

2018 年农历新年前,最轰轰烈烈的一波互联网短视频内容营销当属苹果公司大手笔拍摄的《三分钟》。这个视频在短短几个小时内几乎全网转发,立刻上了热搜榜。无论是创意团队的策划,还是陈可辛导演的金字招牌,乃至那些能把一部简单的 iPhone X“武装”成影视摄影机的各种外设装备,都能看到资本的强大作用。2017 年,从招行推出一夜爆红的《世界再大,大不过一碗番茄炒蛋》短视频,率先解读了情感类小视频的正确打开方式。之后,方太、百雀羚、中国移动甚至阿里巴巴等品牌就开始八仙过海,各显神通,纷纷投身到内容创作的大比拼中来。从意味深长的“走心”文案,到出其不意的一图到底,最后终于进化成催人泪下的情感短视频。最终,苹果异军突起。三年不出招,一招胜三年。一直以硬广横扫市场的苹果公司也终于采用了软性内容植入的营销方式。尽管苹果公司的广告依旧是“土豪式”的打开方式,但不得不说它在“走心”方面取得了令人刮目相看的效果。

然而,绚丽的营销盛宴依然没有办法掩饰住 iPhone X 这款手机疲软的市场表现。2018 年春节后,陈可辛导演的那部广告短片《三分钟》的户外广告牌就如同贺岁档影片下档一样纷纷换了面貌。这也似乎印证了 iPhone X 在 2018 年中期的大幅度限产和美国本土不得不采用折扣让利促销的无奈。曾经彻夜排队只为率先拥有苹果手机的时代正在悄然褪去,而随着最近几代苹果产品差强人意的表现，一些“果粉”们也在渐渐开始考虑更换手机品牌。这一切的一切背后究竟发生了什么？

我们之中一些人虽然并不愿认同乔布斯的能力，认为他有点不切实际，独断专行。但不可否认的是，乔布斯是一位对客户体验和商业模式有着偏执狂般倾向的优秀产品经理。乔布斯造就了一个仅仅依靠产品本身就让一个公司在完全的蓝海市场中迅速崛起的传奇。回想乔布斯还在世时的苹果公司，我们中不少人都愿意付出超过当时市场上其他知名品牌手机数倍的价格，并且等待较长时间从海外代购或从国内专柜预约获得一部最新的 iPhone 手机的真正原因是：乔布斯把手机从原来仅作为个人通信终端的产品升级转变为个人衣、食、住、行乃至娱乐、社交的互联网终端。

当时，尽管有很多使用安卓这个开源系统作为操作系统的智能手机产品，但是无论是从操作界面使用的流畅性、程序界面设计的合理性，还是系统支持的 APP 品种范围来说，它们都远远落后于 iPhone 这个一马当先的领军者。同时，硬件设备技术和制造能力上的差距，操作系统的安全性等方面的优势，也使得苹果在当时所有的智能手机品牌中保持着一骑绝尘的明显优势。所以，这种颠覆性的商业模式带来的效益就是绝对的市场定价权和巨大的市场需求。这也是创新者在市场上合理获得超额利润的最佳红利时间段。作为市场或者行业的引领者，为了维持创新型策略的适用性，所需要做的就是不断地颠覆自己，从而满足不断提升的客户需求和期望值。

无法突破自我——从创新者沦落为追随者

苹果首先开始追随的就是自我。这一点其实从 iPhone 4S 开始就已经慢慢凸显了。从根本上来看，苹果在后乔布斯时代的产品迭代和其他追随者品牌在做的没什么不一样：硬件性能升级、屏幕和空间扩容、通信质量提升，甚至外设附件等，并没有出现任何新的商业模式或者产品跨界方面的变化。这种跟随策略表现得最明显的实际上是定价，iPhone 的价格是根据性能升级来不断增加的。但其实消费者的需求并没有和硬件一样那么快升级。那些略微提升的产品性能和使用体验给用户所带来的直观感受并不明显。因此,用户对价格的接受度并没有那么高。

如果回头看看我们的个人电脑硬件市场。曾几何时,不管是台式机还是笔记本电脑也都走过这样的价格和性能成正比的阶段。但是,当需求的升级渐渐趋于平缓,并且没有质的变化的时候,产品价格的增长和性能升级的关系立刻发生了变化,甚至开始出现产品越升级价格反而越便宜的情况。这就是因为大家都是跟随者,在没有引领者来创造新的消费者需求的情况下,只能通过提高性价比来获得更多用户的青睐。当然,苹果公司到现在还能够不彻底陷入价格战是因为其品牌价值和培养了十多年的用户习惯在起作用,但是这个局面还能维持多久就不得而知了。

应该说,苹果是幸运的,因为三星在挑战苹果市场引领者角色的时候,自身陷入了电池门事件,由此遭到了国内航空公司的"封杀",而这已经不是改变市场策略就可以规避的问题了,所以我们在此不展开讨论。当年,无论是品牌认知、客户洞察、产品质量、性能体验,还是市场覆盖能力、营销能力等方面,三星都具备了正面挑战苹果的能力,加上它当时还有家电市场上的产品线来做策应。在智能手机市场上,三星曾经确实是最有可能挑战成功的苹果跟随者。如今,同样的故事,主角由三星换成了华为。

提升预算是为了获得更大的效用

如果套用经济学上预算和效用的概念,在我们有足够的预算的情况下,我们都希望用更贵更好的产品,以此获得更好的体验,即更大的效用。但是问题是,如果我们没有这么多预算呢?

iPhone X 本身性能的提升在当时来说,对于消费者的实际需求而言是"过剩"的。如果今天的 iPhone X 能做到满足支持裸眼 3D,或者能续航 1 周,或者可以随时嵌入目前的其他数字设备成为增强型设备等需求,也许可以成为消费者提高购买预算的理由。事实上,iPhone X 并没有做到这些,它与原来跟随者之间的性能差异已经越来越小了。我们能够想象,即使今天 iPhone X 的定价再高一倍,或者它直接撤离中国市场,只能通过代购,也还是会有那么一些人想方设法去购买。我们称那些人为"铁粉"。但是,仅仅依靠“铁粉”来维持的市场销量毕竟很有限。

我们再回过头看看以 iPhone X 为主角的《三分钟》广告片到底在叙述什么样的“产品诉求”吧。实际上，这部广告片最大的噱头就是它是完完全全用 iPhone X 来拍摄的。我们很惊讶地发现，这个被苹果拿来作为 iPhone X 最新的客户洞察所提出的差异化功能竟然是这几年以 vivo 和 OPPO 为代表的国产手机一直在主推的。它们为了避开和市场一线品牌苹果、三星的正面竞争，或陷入与小米的价格战，由此差异化地提出“拍照手机”或“自拍手机”的细分市场定位。

作为手机市场局外人的我，除了看到苹果每年在国内出货量的排名渐渐落后之外，并没有太多细节上的数据来帮助我去评价苹果的市场策略和商业模式调整后的实际效果。所以，我们在这里不是为了评价苹果的策略，而是借这个例子来阐述领导者的创新型市场策略和跟随者的竞争型市场策略的差异。显然，作为领导者，如果它想模仿自己的跟随者，拿走它们教育市场创造出来的客户需求，一定是手到擒来的。但是，它的定价权和品牌优势能在这样的跟随者策略下维持多久呢？我们也期待不久的将来苹果能让我们再次看到属于市场领导者的经典创新产品。

竞争型市场策略是主流工业品营销策略

竞争型市场策略的核心理论应该是迈克尔·波特提出的“波特五力”模型。我们在这里不详细去讲这一模型。我们总结出来的核心观点是：竞争型市场策略实际上就是要找到一项明确的、有竞争力的优势，然后让那项优势的作用最大化发挥，从而获得局部的压倒性优势，以获得阶段性胜利，并借助这些胜利来获得更多资源，从而进一步扩大这项优势或获得新的优势最终赢得全面的压倒性优势。

这里面有几个有意思的观点要大家去理解并应用。首先，假设每个个体和企业都已经具备了一项优势，这个优势可以是加上了无数限制条件来缩小范围和参照物后，最终才被明确和认可的。打个比方，你可以说你是你们城市最美的，并以此作为一项优势。但如果你不能确定你是不是这个城市最美的，那你把范围缩小到区，再不行缩小到街道，或者缩小到单位，或者缩小到部门，直到你能明确这项优势。这些被明确了的优势，可以帮助你找到你的定位，从而为你在和竞争对手的较量中取得胜利提供了“基本出发点”。其次，如果你没有任何一项优势的话，那可能也是一项优势。比如，之前闹得沸沸扬扬的“瑞幸咖啡状告星巴克”的“碰瓷式”营销事件就是典型的把没有优势作为“优势”的案例。在完全没有优势的情况下，你可以不惧怕任何负面的舆论和结果，这就是你最大的优势。也就是我们常说的光脚不怕穿鞋的。最后，你的优势一定要有获得局部胜利，并且进一步获得新优势的可能。也就是说必须是一项被认可且具备和你要参与的竞争有相关性的优势。

竞争型市场策略本身按照不同的产品与客户之间的关系，以及实际的市场竞争格局，又能衍生出成更多不同的“营销组合”策略。我们之后再对它们逐一进行讨论。这里要说明的是选择创新型市场策略还是竞争型市场策略，是决定企业商业模式的一个重要依据。大家现在经常谈的互联网企业创业要看到商业模式，一般都是指要具备选择创新型市场策略的条件。然而，在实际工作中，尤其在相对传统的行业和较为稳定的市场格局下，竞争型市场策略对于企业发展更为重要，也更加容易被复制。

05 构架：从头开始学习如何选择适合工业品市场策略的营销组合

如果要给大家重新梳理一遍工业品市场策略的几个营销组合，那从菲利普·科特勒的“4P”营销组合开始无疑是最合适的。

“4P”营销组合：工业品营销策略入门技巧

我们在前文说到，所有的基于竞争关系的市场策略都是由“波特五力”模型演化而来的。但在具体制定可以落地执行的策略的时候又会使用不同的模型工具来辅助完成这项工作。我们先来介绍其中一个最为常用也是最早出现的市场策略模型工具——“4P”营销组合模型。可以说，之后出现的所有市场策略模型都是在“4P”基础上逐渐发展出来的、更加完整的现代市场理论体系的一部分。“4P”模型最早是由菲利普·科特勒在他的《营销管理》一书中正式提出的。此后，科特勒就和“P”这个字母结下了不解之缘。在他之后的著作里，以“4P”为基础，又衍生出了“6P”定理、“10P”定理、“11P”定理等。总体来说，都是反映产品和客户之间通过市场产生关联作用的不同因素的组合。目前，我们还是先聚焦在“4P”这个组合上。

“4P”指的是产品（product）、价格（price）、渠道（place）、促销（promotion）这四个营销要素的组合。用一句话说就是决定一个怎样的产品用什么样的价格在什么渠道和什么促销方式来达成销售目标。“4P”的核心出发点是企业自身，它主张从企业的视角出发来看待市场。所以，在“4P”中你没有看到客户。如果企业对产品的市场前景的判断一开始就是错的，就可能出现完全背离产品研发初衷的结果。

大家可能都看过之前比较火的一部影片《西虹市首富》。该片中出现的那个“陆地游泳机”，就是那种盲目地以自身对市场的理解和定义为出发点生产出来的自认为合理但是实际上完全没有客户来买单的产品。不过，相对其他营销组合策略来说，“4P”却是天然适合 B2B 工业品营销人来使用的。因为工业品行业大多是解决问题的刚需产品，而且有统一的标准来指导产品的规格参数和性能指标，所以很难出现“惊世骇俗”的产品设计。这也说明了工业品行业客户需求的一致性较高，即使企业从自身出发，因对市场理解而产生的偏差也较小。因此，工业品企业适合用 4P 来制定策略。

“4P”策略的重点是了解内部

我们说“4P”是相对比较简单的市场策略工具，主要是因为企业了解内部要素的便利性要远远大于了解外部，所以从内至外的市场策略是比较容易制定的。我们要注意，我们对“4P”策略所赋予的目的不是市场最大化或客群最大化，而是利润最大化。在对利润做规划的这类市场中，销售方往往占据较大的优势和主导地位。在这种情况下使得“4P”中的 4 个营销要素看上去很简单，但真正去决定每一个要素的时候并不是那么容易。我们不妨一个个来理解。

首先，在定义产品（product）的时候并非是只做简单的产品基本信息描述，而是要有明确指向性的产品差异描述。类似“一把螺丝刀”这种描述是不能作为“4P”中的“产品”来使用的。如果要准确描述“4P”中产品要素，就要将一把螺丝刀描述为“一把多功能、满足家庭日常大部分工具使用需求的螺丝刀”，或者“一把外观设计优秀、与奢侈品品牌联名推出的限量版螺丝刀”，或者“一把五金店里常见的最普通的塑料把手一字螺丝刀”，等等。只有精确地描述了这个产品，且有足够指向性来说明其差异性，才能便于后面其他“3P”与其形成一整套合乎逻辑的营销组合。

由于工业品很多时候是标准品，很难做到完全的差异化，因而往往都是在个别性能和指标上略做一些完善。这样做的好处是可以通过提高技术门槛来规避低价竞争。但它最大的问题是这种类似于“军备竞赛”的性能提升到了最后可能已经完全超出了客户的实际需求，成了彻彻底底的过度设计（over-designed）。这就导致一些生产方自认为“天下无敌”的新产品实际上根本没有什么客户愿意来买单，甚至会觉得这种自说自话的产品设计是一种“脱离实际需求”的体现。

我曾经工作过的电气行业有很多产品的辅助设计是非常超前的，产品的部分功能如远程通信和蓝牙连接虽然今天看起来恰好顺应了物联网的趋势，不过放在十年前的工业电气柜中绝对是一种“奢侈的摆设”。但是，当时的生产厂商们是将这项功能作为与竞争对手差异化的产品特性来强调的，并且在定价上相比同类竞品增加了20%～30%，但愿意为此而买单的用户寥寥可数。所以，产品能否形成独有的卖点，其实不是说你有别人没有的就行了，而是要有用户愿意为此买单。不过“4P”策略并不具备这种客户和市场导向的思维特点，我们可以在之后的“4C”策略模型里找到更好应对这个问题的方法。

每一个渠道都是有成本的

在定义渠道（place）的时候，我们必须要认识到所有的渠道背后都是有成本的。我们固然希望覆盖所有可能去往市场的通路，但是，我们也必须清楚地意识到我们的能力和预算是有限的。2018 年，我有一次和著名的电商平台家装业务总经理一起吃晚饭，席间听他说过一段话，他说：“中国整个家装建材产品市场大概有 3 万亿，最大一块的应该是连锁建材市场。比如，红星美凯龙和居然之家这类，大概一年能有 7 000 亿元。再有就是开发商精装房，能有 5 000 亿~6 000 亿元。然后是电商，不到 4 000 亿元，家装公司占了 3 000 亿元。再有就是一些零散的工程队或其他各类渠道。在这前四大渠道里，几乎没有一个品牌是能够通吃的，甚至同时在两个渠道都能做到一定市场份额的品牌也没有。但是，它们只要能在任何一个渠道里做好，那就基本已经成功了。”事实上，很多在某个渠道里做得特别大的品牌拿到另一个渠道可能几乎没有人知道它。所以，在定义渠道（place）的时候，我们一定要做减法，把精力集中在最重要的、最能产生价值的那个渠道上。

价格制定是工业品公司最复杂的内部博弈

说到价格(price),一般对于工业品企业来说都是最难确定也是最敏感的一部分。工业品定价有两种基本逻辑。一种是看这块市场的主要品牌,尤其是领导者品牌的定价,找出你在产品、渠道上和它们的差异,随后根据这个差异的大小来设定与领导者品牌价格上的差异。当然,工业品不像消费品那样有公开的零售价格,且相对容易获取。这时就看各家公司的商业智能能力(business intelligence)了。另一种逻辑是按照你要提供解决方案的客户现有解决方案的成本来定价。这里的成本不只是包含经济成本,而且包含了诸如时间成本、精神成本、交易成本等在内的总成本。很多新技术或高性能产品的定价逻辑都是这样的。这个逻辑也被称为市场领导者定价逻辑,一般是由市场领导者来定义一种市场产品的标准价格(standard price)。

比如,传统的家装工程对地面的处理使用水泥找平工艺,把毛坯房里原来的地面整体抬高到设计需要的高度和平整度,以保证地板或地砖不同的铺贴要求。一般100平方米的房子水泥找平工作可能要两个泥工干三四天才能完成,并且这还是在天气干燥的条件下,水泥能尽快硬化。而目前可利用一种特殊的半液态快干砂浆来完成,我们叫作快干自流平水泥。这个产品大约只要几小时就能迅速硬化,而且施工方法简单,工人只要像倒水一样把它倒进指定的地面区域,用木条拦住四周,然后灌注到需要的高度就可以了。因为是液体,它干了之后自然是水平的,无须人工再干预。那么,这个产品的定价就要考虑它和传统水泥找平工艺相比省下的工时、人工费以及施工完毕后地面在平整度等方面的差异,而不是只做简单的材料费对比。实际上,随着人工费和工期在家装过程中变得越来越“值钱”,这项新产品也被更多的家装公司接纳而变成标准。

另外,价格(price)指的是在某一个渠道上最后被支付的价格,而不是放在价目表上被乘以各种折扣和返点之前的列表价。只有真实的市场价格才有被作为营销组合要素考虑的价值。

最有效的工业品促销手段依然是“销售人员”

提到促销(promotion)这个要素，就目前来说，工业品销售的最佳促销手段依然是“销售人员”。这既是由工业品市场的很多客户“大而专”的特点所决定的，也是基于工业品商业模式下“产品、价格、渠道”所共同影响产生的结果。随着“销售人员”这个促销手段变得越来越好用，其在工业品公司的地位也与日俱增，使得它不再甘于成为营销组合中促销的手段之一，而变成并行于营销策略的一个独立的存在，由此不少工业品公司在设计营销组合要素时的导向变成了支持与服务于“销售人员”。这也难怪当今工业品企业市场部沦落到为销售部门打下手，而不再是一个站在战略层面、拥有全局资源决策能力的核心部门。同时，随着市场部地位的下降，也使得优秀的市场人员流失到其他部门，最终积重难返，市场部很难恢复到之前的样子了。如果我们回到营销组合的讨论上，应该是企业的市场营销部根据既定市场策略来定义某一个产品在某个市场上通过何种手段来促销，最后由销售人员来确保完成订单。

促销手段的不匹配是长尾客户和零散订单无法被转化的原因

当然，销售这个手段其实并非是万能的。越来越多的长尾客户和零散订单的出现，恰恰是在提醒企业它目前所依赖的“销售人员”终究是会有鞭长莫及的地方。事实上，目前许多企业市场部通过线上、线下获取的销售线索恰恰都包含着这类订单，而这些销售线索无法在许多工业品公司中得到销售人员的重视和追踪，而这也是在告诉企业应该考虑使用其他手段或分出部分销售资源建立新的促销手段来处理和转化这类订单。一些聪明的市场人员已经开始尝试在公司现有体系下使用可被利用的各种资源来建立新的“促销手段”，去孵化和筛选自己搜集到的销售线索，如建立电商渠道，在社交媒体开拓新客等。可是，以上这些尝试如果无法得到公司战略层面上的支持，仅靠市场人员自己加班加点苦干，还是逃不开做得好的被挖走，做得不好的要背上在公司不务正业的骂名而被边缘化的结局。

其实,对于很多工业品企业里市场部提供的销售线索为什么没有销售人员愿意跟进这件事,除了用营销学描述的“促销手段”不匹配这个观点来解释之外,我们还可以换个角度,用经济学的观点来理解。经济学中有一个很重要也很有趣的理论叫科斯定理。这个定理中涉及资源的自动最优化配置的概念。通过科斯定理我们知道,当交易成本为零或极低的时候,划分一项资源归属权的指导思想是:谁用得好归谁。如果把销售人员或销售力量作为一项公司内还未划分的资源,那实际上应该是谁能把这项资源用到最好,就归谁使用。这其实就解释了为什么销售人员不来跟进我们提供的销售线索,而更愿意去传统的客户渠道里挖掘商机。因为我们的销售线索一般关联的都是相对较小的订单,成本不低,利润又不高。而销售从传统渠道上获得的销售线索一般都是比较大的客户和项目。无论从完成个人业绩目标,还是从帮助公司提升销售上来说,这些大项目、大客户的销售线索都应该“优先占据”销售人员这项资源。更何况在工业品企业里,销售和市场这两个部门的交易成本不但不为零,还异常的高昂。因此,在这种情况下,把销售人员这项资源“划转”给市场部,确实是非常不符合经济学规律的做法。

“4P”营销组合包含产品、价格、渠道、促销这四个要素,我们可以多练习用成熟的产品和已有的销售结果去反推一下自己的“4P”定位是否合理,从而在新产品推出时建立合理的“4P”营销组合。

利用“4P”需要系统性调整架构

我们说完了“4P”营销组合策略理论部分的东西,再来说一个当年我自己做过的,利用4P营销组合最终实现销售业绩增长,完成既定目标的案例。

我在电气行业工作的时候曾负责过一款配电产品的市场营销工作。这款产品主要用在大楼每个楼层的配电柜里,主要客户是地区性电力成套厂商,很少有全国性的大厂参与这类项目招标。这类产品的市场领导者是S牌,而我当时负责的A牌尽管在综合了其他产品的销量后,总体量上与S牌差距并不太大(A牌总体销售相当于S牌的75%~80%),但是这个产品每年只能卖S牌同类产品1/10的销量。A牌这款产品虽然推出的时间和S牌的差不多，起步上并不落后，但是在最初推广的时候因为没能够带动起电力设计院的需求，同时在产品设计上也缺乏足够的经验和市场论证，造成了很多售后问题，使其增长一直很缓慢。当然，很多售后问题分析下来，也有是客户使用不当造成的，但是就中国普遍的土建施工环境、配电房交付时的条件和基本工人素质来说，这些“使用不当”的外因都是不可避免的。

S牌虽然也或多或少有一些类似的质量投诉，但由于它们的经销商备货充足，项目现场跟踪配合紧密，一般都能在现场反馈问题后及时提供备件和更换服务。这样，很多问题就在现场被直接解决而不会上报到成套厂商的管理层那里，造成进一步的恶劣影响。但是我们A牌的经销商因为不愿意备货，缺少库存，很多时候要靠层层反馈才能从工厂获得备件去更换，使得现场问题被长时间拖延，甚至造成项目交付延迟，甲方以此理由延迟付款等后果。最终，A牌这款产品得到的不少用户反馈是“质量不佳，谨慎选用”，使得企业整体营销推广变得更加困难。

那么，为什么A牌这款产品的经销商备货不足，反馈滞后呢？其实是因为这个产品基本很少有比较大的项目能用到，很多成套厂也选择就近采购，经销商很少会单独在这个产品上做工作，基本就是按图按需报价。A牌企业内部给这个产品的经销商提供的市场指导价格不明确，而销售总监们看每个项目中这个产品的金额也不高，往往在审批完其他大头的产品折扣后，批到这个产品就随便什么价格差不多批完了事。于是，A牌这款产品的市场价格非常混乱，特价订单比例高达90%，几乎没有什么经销商会以常规价格下订单备货。

然而，这款产品恰恰因为订单总金额不高，甲方不是太重视，成套厂的利润是不错的。尤其是这类产品的安装时间都比较晚，考虑到现金流的问题，一般成套厂采购都是赶在项目交付前一两周才下订单的，经销商只要在货期上能满足要求，报的价格高一点或者低一点用户并不是太在意。S牌经销商手上备货充足，又有专人配合跟踪设计院，虽没有特别大的项目，但是积少成多，也能从各家用户那里获利不少。而A牌经销商将这个产品视同鸡肋，报价高又怕没有底气，备货也怕亏不敢多备，再加上A牌销售也不太重视,造成这个产品在我接手前的好几年中,无论公司花多大精力去推广,也一直徘徊在几千万的销售额上不去,也做不大。眼看着除了S牌之外其他国产的品牌也都做得越来越风生水起,我们当时几乎就决定要放弃这个产品了。我归纳了一下当时A牌的这个产品在我接手时遇到的问题。

(1) 市场领导者S牌产品的市场份额高,销售渠道广,在设计院渠道强势,市场竞争力强。

(2) 客户对A牌产品的质量投诉多,短时间内要改变客户认知比较困难。

(3) 自身市场价格比较乱,经销商申请的特价和实际项目需求匹配度不高。

(4) 经销商备货少,造成交付时间长,售后响应慢,不符合这类产品对货期的常规诉求。

(5) 厂商给的推广资源落地难,大量的前端推广工作到了最后都不能落地为订单。

这些问题似乎每一个都不容易解决,而放在一起就更难解决了。我们不妨先来回顾下我们之前说过的,依据商业模式选择基于创新还是基于竞争的市场策略的核心原理。

选择"创新型"还是"竞争型"市场策略

首先,基于创新的市场策略的核心要素是要能够重新建立一套游戏规则。如推出一款能完全替代原来的产品功能且同时又有新功能的产品。但是,按照这个策略推出的产品能否成功上市,需要多长的研发周期,投入产出是否合理,取代已有产品的市场后是否产生了增量,等等,这些问题看起来同样的复杂。在以上案例中,显然使用基于竞争的市场策略应该更加合理。

我们介绍过,基于竞争的市场策略,其要点是要先找出一项差异化优势,然后让这项优势的作用最大化发挥,再通过它最大化后产生的价值去换取其他资源来进一步巩固自身的优势地位。我们先来看看在前文提到的五个现状里面有没有“优势”可言呢？质量问题肯定是劣势，除非为此获得的价格优势大到一定程度可以忽略这项成本。市场价格混乱是一个现状，谈不上优势或劣势，对B2B业务来说是一把双刃剑，就看企业的管理水平了。经销商备货少应该是一项劣势，除非企业认为自身的策略是饥饿营销，然而现状是客户对货期有一定的标准，显然不适合用饥饿营销策略。推广资源难落地是在设计“4P”营销组合的时候，渠道(place)无法和推广手段(promotion)相互匹配。这就好比让公司的资深销售人员去商场走秀做产品推广，还不如你花他人工费用的一半去找个兼职来做。如果产品推广的主要渠道是设计院，那我们要找的就是那些能和这类设计师沟通得比较好的销售人员去做这项工作。否则，我们就只能仰仗经销商来做一部分“人情”生意。而现状是我们逼着全公司所有的设计师、销售人员去想办法上设计院的图纸，实际上只有很少一部分人真的具备让这个产品上图的能力，结果是投入一堆人力、物力，真的做得好的实在没几个人。即使有些销售让这个产品上了设计院的图纸，也可能是一些废图纸、假图纸，只是前期做预算时使用，最终是不会被成套厂采纳的。所以，推广资源无法落地是一项劣势，需要通过解决一系列办法来改善。综上，唯一可能成为潜在优势的就是我们和竞争对手之间在市场份额上有着巨大的差异，同时竞品的市场价格非常稳定。如果将场景切换到大家熟悉的智能手机市场来打个比方，就是三星对苹果、小米对三星的基本策略。

但是，B2B的工业品市场比B2C的智能手机市场要复杂得多，而且三星也不可能只是因为卖得便宜就能比苹果强，还得把产品性能做好，把卖点做出来，把广告做漂亮，把商场货架铺得满满的。我们很多B2B营销人在做4P策略调整的时候，往往就只盯着一项或两项要素去调整，却忽略了“4P”营销组合是相互关联的整体，“牵一发而动全身”是基本规则。

“4P”策略调整“牵一发而动全身”

而我是怎么做的呢？首先，我要解决产品的劣势，就是客户对产品质量持有负面印象这个问题。这件事分成两个层面：第一，真正提升产品的质量可靠性(产品改进);第二,减少客户对产品质量出现问题后的负面情绪(客户体验管理)。提升产品质量未必是短期就能实现的。不过那时候恰好我们有新的产品要上市。于是,我索性等了一段时间,配合新产品上市才开始真正动手去做其他策略调整。这样,我就在“4P”的产品(product)上恰好有一些现成的资源去配合。这个新产品的性能到底提高了多少呢?原来市面上各种品牌产品的综合故障率是5%~10%。这么高的故障率除了使用不当的原因之外,还有因为这个产品是机电一体化的产品,构造比较复杂,所以出现故障的概率确实是比较高的,S牌的产品也并不例外。A牌的老一代产品的故障率是8%~10%,实际比其他品牌没有高出太多,但售后响应速度慢,造成市场口碑较差。而A牌新一代的产品换了一种设计思路,综合故障率检测下来是0.5‰。即使我们拿到一些恶劣环境下去测试故障率,也不会超过1%,也就是产品性能在原来的基础上有了质的飞跃。这个信息很重要,因为只有明确了这些信息,我们才敢做进一步的策略调整。

虽然产品质量确实提升了,但是要真正改善客户对产品质量的认知还不是那么简单的。这方面做得比较好的一个品牌是海尔。海尔一开始做家电的时候技术并不稳定,经常出质量问题。它们了解到自己的这个缺陷之后,一开始就在市场上承诺产品有任何问题可以永久保修,修不好包换。这对刚刚开始有钱购买大件家电的老百姓来说是有巨大吸引力的。有时候,人们买回来一台海尔洗衣机用两天就坏了,但是打一个电话就有人上门,第二天就帮你换上一台全新的。你甚至会感觉自己占了商家的便宜,而根本不会考虑其间你实际花费的时间、精力成本和故障可能引起的其他关联风险成本,如可能造成人身安全意外等。当然,B2B工业品由于其售后的门槛高,网络密度低,其售后成本做不到一般消费品那么低。如果我们真的对自家产品质量没信心,那就更加不能随便模仿海尔的做法来承诺无条件退换了,不然公司的财务部和售后部会整天投诉市场部的。但是,如果我们对产品质量有信心呢?在看到这个0.5‰的故障率检测报告之后,我就提议大肆宣传我们的售后质量保证。当时,我提的售后保证有如下三条:① 任何售后问题,不管是谁造成的,先行提供备件,再判别责任。② 一旦接到投诉,按照同城24小时、异地48小时之内给出售后方案或备件。③ 任何因质量问题产生的服务和物流成本由厂商负责。我甚至把这些信息贴在产品外包装上，直接对渠道和终端客户进行宣传，算是直接把自己给推到了风口浪尖上。但背后的原因就是我可以确认产品的质量经得住考验，所以不担心会产生大量的售后问题。基于这些承诺，我迅速让公司销售部和经销商停止非议我们产品质量有问题且售后服务也不好，并以此为借口来拖延产品的推广进度。

当然，如果说真的需要在24小时内同城解决问题，哪怕是小概率事件，也得有人有备件去解决。那么，如何去说服经销商把货备齐呢？这时候，我们就要去看经销商不愿意备货的原因，是因为销售不够强势吗？还是他们不熟悉我们的产品？或者他们没有客户？似乎都有关系，但又不完全是。我走访了市场后发现核心的问题是他们备货不赚钱。所以，我们就要解决他们备了货能赚钱的问题。这时候，我们在之前总结的“市场领导者份额高，价格、渠道稳定”这个我们唯一可能作为优势的“现存问题”就可以发挥作用了。市场领导者的价格体系稳定指的是市场领导者可以确保竞争者不会轻易打破自己的市场价格体系。因此，市场领导者的出价是可能被揣测到的，即我们可以在很多时候摸清市场领导者的投标价格，并且给出略低一点的价格来获得投中标的价格优势。既然我知道经销商只要按照什么样的价格销售就可以获得项目，那只要保证他在这个价格上有合理的利润就能把他吸引到这个生意中。所以，我就做了这样一个价格体系，有选择性地开放给一部分有意愿和有一定基础的经销商一个特殊的库存订单折扣，他们只要通过备货的库存订单就可确保在低于S牌产品定价10%的出价时依然有不错的利润，从而轻松拿下项目。这一做法也是基于我认为S牌不会轻易冒着主动打乱自己价格体系的风险来降价跟我们竞争每一个项目，从而可能造成在更多我根本不跟它们竞争的项目中因为内部渠道竞争而失去到手利润的认知。另外，为了保证拟备货的这部分经销商不会受到A牌经销商的低价干扰，我冒着跟所有销售经理翻脸的风险把这个产品的特价比例控制在5%以内，并且严格要求每个区域只能选择一家愿意备货、配合度高，且能帮我们的销售人员和设计院沟通的经销商来做这笔明摆着有20%利润，且近乎区域独家垄断的生意。按照我们当时的存量市场份额来计算，

20%也有近千万的利润，这块蛋糕还是能引起一群人来哄抢。于是大约有30家经销商成了第一批吃螃蟹的人开始备货。而那一年，我们这项产品的销售额最终突破了1亿元，且特价订单一直维持在5%～8%的比例，颠覆了原来几乎每个项目都需要申请特价的状况。十年来第一次，这个产品的市场份额终于有了大幅度提升，同时，客户也渐渐不再关注原来我们的产品质量不好等说法，使得设计院的对接工作也推进得越来越顺利。

当然，我们可以想象的是随着我们这个产品的市场份额提升，市场领导者S牌一定会调转枪头来跟我们正面竞争，到时候它可能就不会为了保持市场价格体系的稳固而不愿降价跟我们竞争一个个项目。另外，如果这个盘子越做越大，公司内部也会出现各种政治力量迫使你不得不批复一些哪怕你认为不合理的特价订单，或者要求你增开更多的专项经销商从而导致渠道之间的冲突再现。所以，任何一项市场策略都是要随着市场情况的变化而不断改变的，不存在“一招鲜，吃遍天”的市场策略。

制定市场策略必须着眼于长远

如果我们把解决商业模式的瓶颈想象成解开皮管子上的一个个死结，那么一个成功的营销者一次至少需要看到三四步之后可能阻碍水流通行的死结并且在第一次通水前一并解开。这样才有可能让水流起来并积攒一定的水势帮助你攻克后面的死结。但是，许多营销人员只能看到眼前的这个死结，也只盯着这一个问题去解决，随后就迫不及待地开闸放水，结果水流很快又遇到了下一个死结，并且没能积攒足够的水势来冲破它，导致你又得重复此前所做的一切，如此循环往复。他公司能够赋予你的信任和资源终究是有限的，很容易因一次不太成功的策略调整而终结。所以，你要学会珍惜每一次下令开闸放水的机会，确保解开了足够多的结，让水多往前流一段。

06 设定：工业品营销的商业模式正在从“产品为王”转变为“客户为王”

工业品行业的优秀企业惯常依靠优质的、有着显著差异化的产品来主导自己和市场之间的关系，往往忽视了客户在自身市场策略中的价值和作用。如今，随着这一轮工业品营销力量在数字化时代的重新崛起，工业品企业“产品为王”的思路也正在悄悄发生改变。

工业品营销备受推崇的“产品为王”策略

什么是“产品为王”？“产品为王”就是依靠打造最好的产品，以产品本身作为核心竞争力来获得市场和客户的做法。大多数优秀的知名工业品企业都曾经或者依然采取“产品为王”的策略。用一句话来描述“产品为王”的市场策略就是：酒香不怕巷子深。

拿大家所熟悉的消费品来举例。人们经常玩的扑克牌，有一个牌子叫姚记，我相信很多人可能都知道或者买过。你去任何一个商超或小卖部，哪怕是四五线城市，买到的扑克牌可能都是这个牌子的。甚至不少地方可能只销售这个牌子的扑克，店主压根儿就不会备两个以上品牌的扑克牌。但是，你见过一个姚记的推销员在大卖场里搞促销或者你在任何杂志、电视、互联网媒体上看到过姚记的广告吗？我想大多数人都没有。可能在品牌建立之初，产品还没有占据这么大市场份额的时候，它曾经可能有过这类推广活动或广告。这就典型的“产品为王”的策略。产品自有的竞争力使得新进入者和已有竞争者没有任何机会，所以不需要再做差异化的定位和客户细分，全部通吃。这大概和当年满大街的柯达影印店占领照片影印市场有着异曲同工之妙。可能完全能颠覆这类产品的就是这个行业的消失，比如人们从此以后不玩扑克牌，改玩别的游戏了。

事实上，工业品领域的企业靠着独特的技术、领先的工艺、专精的知识等，很容易在其所在的领域内形成“产品为王”的局面。

产品好的优势可能远超你的想象

大家可能很难想象产品好能产生多大的优势，我可以给大家举几个例子。就说我以前工作过的公司，在 20 多年前刚进入中国的时候，连样本手册都要靠抢才能拿到，去晚了可能就被领完了；价目表更是稀缺产品，别说经销商了，连销售都未必能人手一本。当然，那时候还不太流行电子版的文档，电脑的使用也没那么普及，纸质的东西放在桌上用起来更加得心应手。有时候，客户忽然打电话来要个产品，但经销商人在路上，急着要报价，又实在背不出来就只能凭大致印象先往高的价格报一个再说。结果，客户都不带还价就立刻敲定要求送货。有时候这个报价可能比列表价都高了好几倍。那时候，每到年底的时候，工厂订单太多也排不过来的时候，销售自己也进入假期模式，一些小额的询价订单甚至会直接被告知不接受，可以去找竞争对手碰碰运气。

当然，在“产品为王”的情况下，销售就是个“肥缺”。很多时候，不是销售要跟客户搞好关系，而是客户要千方百计地巴结销售，尤其是那些大大小小的经销商们。我以前经常看到一些 500 强工业品公司的基层销售和经销商表面上看似称兄道弟，实则把经销商们当成他们的助理，负责为他们掏钱买单。在“产品为王”的工业品公司内部，往往销售掌握了比较多的资源和比较强势的话语权。因为产品好卖，所以销售只要去找一些大客户就很容易完成业绩目标并且取得增长。毕竟，对于服务大客户来说，销售确实还是最有优势的推广手段。所以，在这种情况下，忽略市场和平台在整个策略体系中的价值，而仅仅关注销售人员的价值在逻辑上也说得过去。

从“产品为王”向“客户为王”的转变

如果说工业品的一贯思路是寻找产品的差异化,从而获得阻止竞争者进入的条件,保证自己相对的独特性和优势,那么一般消费品就是寻找特定的人群或人群特定的需求,并且创造出迎合这种需求的产品或服务,从而占领有这项需求的客户的心智。“客户心智”就是客户在产生一项需求的时候优先想到的产品或服务内容。比如说“困了、累了就喝红牛”,或者“怕上火,喝王老吉”,等等。一旦你成功占领了“客户心智”,那你就占领了这个细分品类或细分需求市场的制高点。后来的市场参与者要么只能捡你业务覆盖剩下的区域,要么只好和你定价不同以获得一定的生存空间了。

在以“客户为王”的一般消费品行业里,显然谁更接近、更了解客户,谁的话语权就更大。所以,在消费品的业务中,市场营销团队一直是具备充分话语权和决策权的。我们提到过,当下互联网时代的主要特征是由“产品为王”的市场策略向“客户为王”的市场策略转变。因此,对于一般消费品行业来说,实际上需要经历的转变较少。这些变化无非就是通过数据把对客户的认知变得更细致、更立体,并且在与客户的沟通渠道上增加了新的数字化手段而已。而对于 B2B 工业品行业来说,其转变则十分巨大,这意味着公司内销售资源的重新划分,新的销售手段的定义,市场部作为决策力量的迅速崛起,管理层在做决策权划分时所考虑的内容的巨大转变。因此,工业品行业从“产品为王”到“客户为王”的转变显然是困难重重、任重道远的。

消费品营销主推的“客户为王”策略

那么,什么是“客户为王”的市场策略呢?最经典的“客户为王”的市场策略所用的营销组合模型就是“4C”策略。4C 对应的是客户(customer)、成本(cost)、便利(convenience)和沟通(communication)。在这个营销模型下,外部市场与客户的需求被充分考虑,而企业内部的需求则可能被压制和忽视。生产方按照市场提出的需求、制定的价格、要求的性能来提供产品或服务，满足客户的要求，却不在乎自身为了达到这个目标需要付出的代价以及是否能获得收益。

在“4C”策略中，客户（customer）的定义非常的细致。一个新的品牌进入市场的出发点往往就是先通过4C营销组合策略模型找出一个非常独特的细分客户领域。而能否在进入市场的初期就获得成功从而发起进一步的市场扩张，往往取决于新进品牌对这个细分市场的把握能力。

一般消费品行业利用客群细分做出过无数成功的营销案例。比如收了国人不少“智商税”的“大师手作小罐茶”“8848成功人士手机”“脑白金送父母”等，都是精准细分客群需求并占领客户心智的经典案例。此外，这种客群需求挖掘还可以从某个成熟客群的非成熟需求来入手。比如，著名的护肤品品牌娇韵诗在进入中国时主打的是身体肌肤的保养，尤其是对孕妇的妊娠纹有很好的修复作用。实际上，这个品牌在欧美主打的完全是脸部护理和主流护肤品市场，直接对标国内消费者已经非常熟悉的欧莱雅和雅诗兰黛等品牌。但是，由于娇韵诗进入中国较晚，为了差异化的品牌定位并争夺客户心智，而不得不选择了较冷门的女性身体护肤作为切入点。而随着受过较好“品牌教育”的80后、90后年轻孕妇消费能力的崛起，这种身体护理的需求恰恰开始涌现，也使得娇韵诗迅速在中国护肤品这个红海市场站稳脚跟。随后，在获得了市场对自身产品和品牌的认可后，娇韵诗又进一步扩展了渠道和产品线，慢慢切回到主流护肤品市场。这几年，这个品牌在中国不断推出新的产品线，逐渐建立了属于自己的消费者口碑，和其他早已进入中国多年的大品牌分庭抗礼。

当然，也有相对不成功的案例。比如妮维雅这个护肤品品牌，实际上在德国是一个国民品牌，大家对它旗下的产品的定义是好用、性价比高。但是，在进入中国时，妮维雅试图选择以普通家庭日常护理需求作为细分市场来获客，因而大量在社区商超和超市大卖场铺货。这个举措没有使得它原本的优势被消费者认可，反而造成品牌形象被大大削弱，最后沦为无法获得任何中高端渠道和客户群的中低档品牌。这几年，由于妮维雅自身市场定位不明确，而国产竞争品牌的性能也显著提升，同时营销也做得有声有色，再加上中产阶层消费升级，妮维雅这个品牌和其产品已经渐渐远离我们的视线。

成本不只是直接耗费的成本

对于成本(cost)这个名词,不同的理论有不同的定义。比如,经济学看待成本的一种观点是:成本就是"你所放弃的最大价值"。什么意思呢?比如你要买一个烧饼,需要排队15分钟且花费5元钱。而相同的时间,你在隔壁新开的礼品店排队15分钟,就可以拿到一份免费的开业小礼物。但是等你买完烧饼,小礼物就发完了,那么这个烧饼的成本就是5元钱加上一份小礼物的价值。反之,如果你去领小礼物,看似你不花什么成本,但是当你返回再去买烧饼时候,可能要多排20分钟,这样买到烧饼之后你就只能打车回家了,需要花20元,比你平时坐公交多18元。那你领小礼物的成本就是那多花的20分钟排队时间和额外多出的18元交通费。所以,成本是一项选择权,它随着你的选项不同而发生变化。这里,我们主要谈营销学就不展开讨论经济学的问题了。从上面这个例子可以看出,并非只有直接的经济成本才算成本,你为了获得这个结果所放弃的所有直接和间接的代价,包括时间、精力,都算是成本。

工业品制造业在做采购计划时,大多对成本的定义就是直接产生的经济成本,但是实际上还包含大量的非直接经济成本,如时间、精力等成本。比如,你去爱马仕专柜里给自己买个新的手提包做新年礼物,那价格肯定是你优先考虑的事情。但是,如果今天你去爱马仕专柜买个手提包当作公司年会奖品,那么只要能符合预算要求,如何能让你方便快速地完成购买,不要因为自己是第一次去爱马仕专柜买东西而出洋相等这些需求,会变成你首要考虑的因素。所以,我们听采购在分析成本时候,他们嘴上说得最多的是要降价,但是实际上,价格只是一个相对于预算的数字,而其他那些看似和价格没有关系的因素往往变成了影响最终结果的重要因素。

我们在使用"4C"营销组合的市场策略定义B2B客户的目标成本时,一定要合乎逻辑。比如,大客户需要相对有竞争力的价格,可以一次性大量购买,并且做到提前几个月订购;而零散的小客户往往可以接受相对不是最优的价格,却希望拥有更加灵活的起订量,更短的交货周期和更完善的售后服务等。另外,B2B 客户有一项巨大的成本不是在售前,而是在售后环节体现的,即精神成本。我们之前已经说过精神成本,简而言之,它就是做出一项决定后由于担心决定的不正确而产生的焦虑和后悔情绪所带来的精神消耗。这项成本在个人消费上比较容易理解。比如,你花月工资的一半买了一件新款的大衣,你买下来后就会开始担心会不会买贵了,过两天会不会打折,同等品牌是否有性价比更好的选择,自己家里是不是没有衣服搭配,等等。精神成本会随着你对相关信息的获取而出现变化。而这项精神成本会成为消费者是否复购的一项重要因素。事实上,在 B2B 业务上,精神成本的影响作用更大。采购做出的每一项决定都可能关系到他的业绩考核结果,甚至是工作机会。于是,“靠谱”就成了 B2B 工业品行业供应商的一项最关键的隐形竞争力。

数字化使得“便利”和“沟通”更易实现

B2B 企业能做好便利(convenience)和沟通(communication)这两点和当今的数字化变革有着密切的关系。随着数字化技术不断迭代和营销场景的不断丰富,原来只能依靠密集网点覆盖和大量平面广告才能提升便利性和沟通效果的时代已经一去不复返。当前,如何更好地利用数据和数字化手段决定了便利性的获得和沟通效率的高低。不只是一般消费品行业,当前 B2B 工业品企业对于以上两点的主要诉求也是更好地利用新技术、新媒体、新渠道来建立与客户之间相对低成本且高效的沟通和交互平台。当然,所有的营销组合依然要合乎逻辑。如果我们选择有限的、高端的客户,那么一味地增加便利性反而会丧失我们对于那些目标客户的稀缺性价值。比如,如果把爱马仕放到大卖场里,虽然便利性极大地提高了,但是估计也没有人再把它当稀缺的奢侈品而愿意花大价钱买了。同样地,如果一味地追求时髦、迎合潮流的沟通方式,也可能会影响企业的形象定位。比如,我们很少看到传统工业品企业去抖音做广告,而更多的是那些和时尚潮流相关的产品和品牌去追逐这些新兴事物。

以客户和市场为中心的“客户为王”策略能够快速地帮助公司产品切入一个目标市场并且实现初始销量。但是,其难点在于对于自身成本和效益的把控。在“产品为王”的时代,盯住若干大客户基本可以满足企业大部分的业绩增长目标。但是,关注几个大客户的需求并不是真正的以“客户为王”,而是“关系为王”和“渠道为王”的思路。只有关注中小客户,关注各个细分市场生态链的客户需求,才是真正的以“客户为王”。对于 B2B 工业品企业来说,适当放弃原来只关注自身的“产品为王”的策略,学会转变,关注客户的真实需求,逐渐过渡到“客户为王”的策略,将是未来工业品企业寻求稳定市场增长的一项长期策略。

07 开拓：利用“客户为王”的市场策略为工业品开辟蓝海市场

工业品企业在产品相对同质化的市场格局下如何开辟蓝海市场呢？我们应该学习一般消费品市场的营销策略。

“客户为王”的市场策略的极致表现之一就是通过创造新的客户需求，或者是利用一部分客户潜在需求的独特性来建立一片新的“蓝海市场”。我为了应用竞争策略的需要把蓝海市场的范围扩大一点，即那些还未到依靠单纯价格战来竞争的市场。对于营销人员来说，实际上其工作的最终目的对于公司的整体业务来说，就是避免自身的产品和服务陷入“价格战”。在这一点上，符合我们所定义的在竞争策略下开辟蓝海市场的需求。

新市场、新渠道的建立离不开价格战

首先说说价格战这件事吧。大多数人认为价格战本身只是意味着身处红海，却不知道价格战在竞争型市场策略下和蓝海也有关联。在我们身边，价格战时有发生。尤其是在电商时代，大量资本的注入，使客户养成了享受“负利润”商业模式给予优待的习惯。这也几乎是所有B2C业务型的互联网公司都经历过的价格战过程。而最终能够在价格战中活下来的就是能够走向上市或垄断某个细分市场的“蓝海”胜利者。所以，从某种意义上来说，价格战是创造蓝海市场的一种途径。可以说，每一个新销售渠道的建立都离不开价格战。不说如今的电商，就说当年苏宁在家用空调市场发起对南京八大国有商场的价格战，一战成名，最终建立了自己在江苏白电零售行业的龙头地位，并逐渐向全国扩张就是典型的依靠价格战来建立新渠道的案例。

卖场、超市诞生之初，特价商品广告传单依靠人力挨家挨户地投送，智能手机时代到来之前，各大手机卖场促销的手段争奇斗艳。价格战从来都是和某个新渠道的建立密不可分的。而如果新的渠道一旦建立了，那么建立者也将极有可能利用自身在这种商业模式上的先入为主，巧立名目提高利润，享受一段蓝海市场的风平浪静和超额利润。

既然价格战是创建蓝海市场的一种途径，那么我们不是应该通过价格战来赶走竞争对手？为什么还要避免呢？因为价格战牺牲的是利润，而利润是企业生存的根本。短时间的价格战，企业还可以依靠现金储备来应对，或是从其他尚可盈利的业务中汲取利润来贴补。然而，这种伤敌一千、自损八百的手段一旦进入了胶着状态，假以时日，必然使得自身元气大伤，行业价格也受到拖累，从此一蹶不振。即便那时候只剩下你一个玩家，游戏的奖励也不会有多少惊喜了。所以，价格战是所有企业都希望能够尽可能避免或至少拖延到自身足够强大的时候才发起的。

不是只有消费品领域才有价格战，工业品领域甚至大型装备领域的价格战有时候更惨烈。比如，有一段时间风电和太阳能发电热火朝天发展的时候，借着国家政策红利和补贴，诞生了一大批投资这些装备制造行业的民营企业。而那时候，国内的招投标制度还是以最低价中标为主导思想。所以，当时龙头企业的主要做法就是扩产降价，把那些刚入局，技术还不完善，良品率、效率还不能够和自己正面竞争，上游供应商成本还不如自己有优势的跟随者拖进惨烈的价格战，挤掉它们的利润。甚至，那些知名企业不惜亏本迫使竞争对手坚持不下去，黯然离场，待到独占江湖时，再慢慢提价来享受垄断利润。在这种市场环境下，好的产品和新的解决方案根本没有机会来培育市场，只有按照最经济的方式来满足市场要求，生存下去，才有可能有未来。

“客户为王”的策略更容易形成差异化优势

价格战既然不是我们想要的，那么，我们应该怎么避免它，从而尽量远离红海市场呢？事实上，我认为避免价格战的核心就在于差异化。也就是我们前文提到过的基于竞争策略的“波特五力”模型的主要内容。而差异化的策略，与其说是按照工业品行业一贯的思路从“4P”营销组合出发，不如说按照一般消费品行业的逻辑从客户角度依据“4C”营销组合的理念去建立来得更加容易。

当然，工业品本身是按照行业公认的标准设计和生产的，想要做到差异化，光靠产品本身来实现差异化很难。以价格和产品性能作为差异点去细分市场的方法，经过这么多年，也已经被国内外各种厂商给用尽了。任何厂商想要再去分割出一个具备独占性的市场几乎是不可能的。在去掉了用价格和产品性能形成差异点的方法之后，剩下来的就是服务上的差异化了。这也是目前已处于红海市场的商超业开辟新零售战场所使用的思路：用差异化的服务去打包已经无法差异化的产品来实现整体的差异化竞争。

提供差异化服务是开辟工业品蓝海市场的重要方式

我们今天去逛那些打着新零售旗号的新型超市，最直观的感觉是什么？无非是空间设计的升级，商品和货架视觉上的升级，产品从包装到文案设计的升级，周边服务上的升级，等等。这些服务上的升级使得客户愿意接受相对更高的价格，或者认可自己所购产品或服务在同等售价下是更加划算的。对于工业品行业来说，虽然产品是标准化的，但是应用场景完全不同，采购决策流程也千差万别。生产厂商根据这两方面的不同来提供有针对性和差异化的服务，一样可以达到开辟新的细分蓝海市场的目的。

大家看着似乎觉得这个靠贴近客户需求做差异化服务的说法很玄乎，但其实这些蓝海市场是一直存在的，只是被经销商们用他们自己的方式捕获并消化了。举个例子来说，在立邦官方推出刷新业务前，也有类似的刷新业务，只是由经销商们根据他们自身的能力和成本选择性地对接完成了。当然，这些各自为政的“刷新业务”最终也是千差万别的。毕竟施工工艺、质量、定价、流程、售后都没有统一的标准。但是，立邦利用官方的渠道来为刷新这个服务加产品的组合建立了一个标准化的模板，使得它变成了一个“全新的产品”并衍生出了一块独立的“新市场”，即墙面翻新市场。

我们可以想象，在建立这个市场前，也可能会有许多的不同的声音和意见，质疑这个市场体量多大，这个市场的原有利益被打破是否会影响到传统渠道的销售，这个细分市场的客户能否接受新的定价逻辑，他们的核心诉求又是什么，等等。但是，当这个市场一旦被运作起来之后，你会发现，原本可能不被认为是整体翻新服务市场的用户，也会慢慢转变成这个新的蓝海市场的客户。比如，一些原本打算 DIY 的房东，或者一些凑合着过的租客。这一发现给我们的启发是蓝海市场除了对商家有吸引力，对客户同样有吸引力。大家对于新事物、新业态的好奇会提升各自原本对这项服务或产品的预算，从而抱着一种尝鲜的态度去尝试那些新兴的，并且感觉是为自己量身定做的产品或服务。

要维持蓝海市场的红利必须始终贯彻“客户为王”的策略导向

说到底，在工业品市场内避开红海，实现差异化的核心手段无非就是利用客户在服务上的差异化需求来做和产品搭配的服务专属升级包，开辟一个又一个新的专用于细分市场的“新标准化产品”。当然，你也可以设想，一旦你开始一个蓝海市场的开拓，在教育了一部分市场上的客户并初期建立市场规模后，就很快会有跟随者进入，然后通过引入价格战把蓝海变成红海，所以也不值得投入。事实上，没有一个市场，哪怕是依靠技术领先也不能保证长久的“绝对壁垒”来阻止新进入者参与竞争。而你能持续占领蓝海市场的时间既取决于市场本身的规模和进入者的速度，也取决于你制造差异化的深度和进入者跟随的难度，更取决于你能否持续引领客户的需求和不断调整客户的期望值来改变这个蓝海市场的“定义”。这也就要求你的公司能够始终如一地贯彻以客户为中心的策略导向。

我们在一般消费品上看到过非常多的例子。很多新诞生的产品和服务，一开始掀起了一点波澜，跟风者很快会进入，并把市场做烂。但是，好的领导者能把这块市场的服务越做越细，越做越专业，使得模仿者在没有规模和经验的情况下成本高昂，产出能力低下，最终形成两者之间迥然不同的定位。比如，智能手机预约上门维修就曾出现过类似的竞争，199 元换屏、299

元换电池都被热炒过。一部分市场领先者倚仗优质的配件供应链、完善的预约流程、良好的服务设计和监督管理最终也收获了不错的客户口碑。这件事放在工业品行业，由于供应链上下游的关系更加稳固，竞争者替换成本比较高，某个品牌的产品一旦获得了用户的认同，竞争品牌依靠简单的价格差异是很难再对没“出现问题”的客户构成吸引力的。一般来说，最好的替换机会就是等现有品牌在供货和质量上出现事故时。上文我们已经说过，在 B2B 市场，真正对采购工作者“个人”来说算是成本的不是直接的经济成本，而是其他的一系列精力、时间、精神成本，往往和品牌的服务密切相关。

大家作为营销工作者，最终的目标是把业务维持在价格战之外，享受蓝海市场的红利。工业品市场单纯从产品端做差异化已经越来越难，尤其是国内品牌商能力的提升使得整体市场给外企的红利正在迅速减少。从客户端出发，利用客户为导向的策略，通过“4C”营销组合创建“产品+服务”，并建立属于它的蓝海市场，如果企业可以持续在此投入并保持精细化运营，也可以保持在这个蓝海市场内份额的稳定增长。

08 提升：由供应链关系转变为伙伴关系的工业品营销逻辑

工业品营销和消费品营销有一个很大的区别就是企业对待与客户之间关系的态度。有很多一般消费品品牌确实是以建立长期的客户忠诚度为目标的。但是,一般消费品的消费者对于品牌的忠诚度,在每一次“消费冲动”产生的那一刹那都可能会发生改变。比如,星巴克的旁边上又开了一家瑞幸,每天给你推送优惠券,或许你哪天也会想着尝试一下“免费的咖啡”,然后便“路转粉”了。抑或,某天天气实在糟糕,你不得已在公司喝了一杯咖啡机冲泡的美式咖啡,你觉得似乎也并不比楼下的星巴克差到哪里去,从此可以省了一笔不必要的开销。总之,消费者对于消费品品牌的忠诚度在许多情况下并没有预想的那么坚定,因为其替换的成本并不高昂。反观工业品市场,客户的进入和替代成本都很高,很多客户和供应商之间的关系是相互依存、共同成长的。比如,苹果的产品性能离不开富士康的加工能力,或者三星 OLED 屏幕显示技术的提升;联想的电脑性能,与英特尔的中央处理器性能升级,以及 NVIDA 公司的显卡处理器性能升级也息息相关。客户不太可能只是因为一些小小的价格差异或者便利性上的差异就更换供应商,这种相互关系比消费品客户只是依据个人的偏好和一段时间对品牌的认可所建立起来的忠诚度要牢固得多。

“4P”和“4C”营销组合的优缺点

我们前文说的两种营销组合“4P”和“4C”都可以运用在消费品和工业品业务的市场策略制定上。但是,两者的优点和缺点一样明显,要么不重视客户，要么过度被客户和市场影响从而打乱了自己的步调。那么，有没有相对比较适中的，且更加符合工业品长期相互依存关系的营销组合呢？答案当然是有的，但那在严格意义上已经不能算是营销组合，而是一套对营销人员的要求和标准了。这套营销组合或者标准就是“4S”策略，即满意(satisfaction)、服务(service)、速度(speed)、诚意(sincerity)。

这套营销标准的提出是来源于一项营销人员对销售人员行为和产出关系的研究：营销人员通过对许多大宗买卖的交易行为做了长期的跟踪调研，发现那些经过了良好培训的销售人员的产出比那些没有培训过或者不重视销售培训的公司的销售人员要高出近20%。这是因为经过了良好培训的销售人员对客户的响应能力，解决问题的能力，提供信息的效率以及服务意识都要远远高于没有经过培训的那些销售人员。事实上，成功替换原有供应商取得大宗采购订单往往发生在采购方对原有供应商的不满已经累积到非常严重，足以平衡因此而付出其他代价的时候。销售人员的能力培训包括了专业知识、行动力、自信力、洞察力、服务力、沟通力、适应力、指导力、创造力等方面。

对于“4S”策略的四个要素，我们就不一一赘述了，从字面意思应该就很容易理解它们的含义。通过“4S”策略里包含的内容，我们可以理解供应商和客户之间不只是简单的买卖关系，而是长期相互依存的伙伴关系。同时，我们还可以更深一层地理解到所谓B2B并非只是简单的“Business to Business(公对公)”，而是可以被扩展到“Business Person to Business Person(商人对商人)”，也就是把商业关系重新定位到人与人之间的关系上。这种人与人之间关系的体现，帮助我们把原来和消费品营销理念完全不相关的B2B工业品营销体系重新纳入“对人营销”这个大框架里。只不过此时营销对象——“人”的关注点从产品功能、价格、品牌、价值主张、购买便利性等个人适用要素变成了一些站在组织利益层面需要关注的服务质量和效率等要素。

从“4S”策略看工业品营销中的伙伴关系

那么，我们再结合“4S”策略和“4P”策略的定义来看工业品营销的现状。可以说，“4S”策略决定了供应商和客户之间应有的相互关系如何达到最佳状态。目前，被用来维系这种“关系”的营销手段就是销售。即完全由销售的个人能力和表现来判定企业“4S”策略的执行效率。当然，前文中我们得出的一个结论是，对于大宗采购客户来说，销售还是当下最优的营销手段。因此，在这个前提条件下，我们提升“4S”策略执行效率的方式就是不断培训销售人员和优化内部与销售相关的流程。在面对长尾客户、零散客户或者低频采购客户时，如果我们依然使用销售人员来达成“4S”策略的目标，这其中的成本与面对大宗采购客户相比并不会降低多少。而从投入产出比来看，此时会使得销售人员这种手段变得不适合，或者为了满足投入产出来需求而降低“4S”策略的目标值。如今的很多 B2B 工业品公司的实际做法其实就是后一种情况，即为了降低投入成本达到合理的销售投入产出比，而不惜降低了“4S”营销组合的目标值，造成客户感受的不确定性，导致客户流失。不过，市场人员站在营销决策者的角度，与其要求销售不顾投入和产出的价值规律以同样的高标准来服务那些零散客户，不如变更对应的营销转化手段，这样既维持了“4S”策略的目标，又保持了合理的投入产出比。

数字化营销时代降低了“4S”营销策略的边际成本

随着数字化营销时代的来临，工业品领域也获得了更多在销售人员这个传统营销手段之外的其他促销手段，来帮助自身建立和客户的长期伙伴关系。比如，越来越多的公司开始使用 CRM 系统，通过对客户信息和项目状态的精准管理，指导销售资源用在最有希望得到高产出的地方。同时，又能通过分享信息，连接营销云等平台，兼顾使用其他触达手段来保持与长尾客户的不定时沟通和互动。越来越多的企业在线自助平台可以帮助客户自己完成订单，当然也包括售前、售后咨询方面的工作。工业品电商的出现使得小额订单、零散订单也能获得良好的服务和稳定的货期。利用“4S”策略，我们可以更准确地定义 B2B 工业品在线营销能力的建设要求和需要合理配置的资源。

基于“4S”策略，我们在营销过程中需要更多考虑的是客户的满意度、服务体验、需求的被响应速度。虽然价格可能会对客户满意度和忠诚度或多或少有影响，但它不是首先需要解决的问题。我在最开始建立 B2B 电商业务的时候，把公司的物流和仓储能力优先配置给电商的订单，且线上价格并不低于线下的价格。同时，我们让最有经验的热线人员充当在线客服，帮助那些零散客户在第一时间内能获得解决方案。相比那些采购量比较大的客户来说，价格差异对那些零散客户产生的影响是比较小的，因为他们单次采购的总金额在自身项目成本中所占的比例是很小的。但是，零散客户对我们的产品、服务、流程、标准响应周期等商务信息的熟悉度远远低于那些经常采购的大客户。大客户由于经常和你打交道，认识的人也比较多，如果从你这里得不到及时的反馈，也能自己找到问询渠道，而小客户可能就只能在屏幕那头干着急了。因此，在面对中小客户时，在提升服务的同时可略微提高价格；对于大客户而言，在降低价格时略微减少一些优待，是符合“4S”+“4P”策略的。这也是目前我们在运营电商、开发在线自助服务等和线下许多渠道功能相似但目标客户定位不同的新渠道的出发点。

B2B 工业品因为其购买行为的周期性和决策流程的复杂性，既有适合用“4P”这种供应商主导市场策略的情况，也有适合用更加贴近客户需求的“4C”策略的情况，但更多情况下可以用“4S”这种依靠建立伙伴关系，提升客户服务标准的营销策略来做好自己的产品或服务定位。

09 解析：工业品营销人对于“销售线索”的错误理解

“销售线索”这个词也许是当下工业品营销人谈得最多的一个词。它既是目标，也是痛点。前文我们也粗略地提到了销售线索的一些内容，这一章我们详细地展开讨论，以纠正一些工业品营销人对销售线索及其相关工作的误解。

正确理解“销售线索”“合格的销售线索”“销售认可的销售线索”

虽然从我本人的观点来看，我并不太赞同硬生生地把工业品营销拆分成两个独立的部分各自为政，再分步协作，即让市场部门负责营销的前半部分，搜集有价值或有购买意愿的客户的信息作为销售线索，然后由销售部门负责鉴别和转化这些线索，实现业绩产出的目的。暂且先不说这种人为地把完整的营销流程进行拆分的方式是否会使得内部的交易成本大大增加，光是因为市场和销售部门各自对于“有效销售线索”的定义不同而造成大量的资源被白白浪费，就已经足够我们去反思这种内部职能设置的合理性了。这么多年来，工业品公司市场部的“积弱”和销售部的“强势”已成定势，我们也只能默默接受再找机会慢慢改变。事实上，理想的业务管理模型应该是由一个部门去规划整体营销的资源配置，收集从各个渠道获得的各种类型的销售线索，然后再安排不同的销售力量依据销售线索的价值做相应的转化行为。

产品竞争的“红海”引发对“销售效率”的质疑

以往，大多数那些产品过硬的工业品公司只要依靠几个大客户和大项目就足够完成公司的年度业绩目标了。但是，近年来，随着市场竞争越发激烈，人员成本直线上升，有经验的工业品销售人员又呈现青黄不接等变化，销售人员的效率问题被越来越多地提到管理层会议上。为了弥补销售人员成本高，边际成本无法降低的不足，公司就只能想办法帮他们做更多后勤工作，把他们“武装到牙齿”。这就是市场部转变为贡献销售线索和做销售技术支持的原因。然而，市场部门通过搜集获得的销售线索并非都适合用销售人员去做转化的。因此，就会出现大量线索被闲置或浪费，以及不时发生两个部门彼此不认同对方工作结果的情况，并产生部门间的隔阂。营销人员在没有弄清楚销售线索的转化手段前就盲目扩大销售线索的获取范围，就好比明明车子发动机的马力不够，拉不动货物，驾驶员却一直不停地给汽车加更多汽油，以试图让它拉更多的货，最终结果是车子自身负担变得更重而更无法前进。

所以我们还是先一起来讨论下关于销售线索的定义、获取、管理和转化方面的问题。

首先，销售线索并不同于销售的潜在客户。销售线索可以理解为“处在对你的产品或服务感兴趣，但是还没有想法要购买的阶段的那些人”的相关信息。一旦他们有了购买的意愿和初步行为，那就不算是销售线索而成为一个准客户。而潜在客户是“有能力和潜在需求成为我们客户的人群”。这其中甚至包括连听都没听说过你品牌的人，只是你一厢情愿地按照他们的消费能力等信息，把他们列入你的潜在客户名单。

如下图所示，无论是通过哪一种途径获得销售线索，都是从市场营销工作最先开始的。而市场营销工作的对象是“目标客群”，也就是潜在客群中的一部分人。为什么不是整个潜在客群而只是一部分呢？因为我们还要考虑到营销要投入的成本和转化的难度等问题。比如，如果一个30岁左右的普通都市白领女性的速配对象是28～32岁的男性，五官端正，无不良嗜好，背景良好。这其中肯定包括了很多非常优秀的男士，他们经常出入各类高档消费场所。如果他们是这位女士的“目标客群”，那么这位女士就得进入这些男士所在的圈子，这可能需要花费大量的成本。我听说过一个故事。有一位女士每周五购买往返京沪的商务舱机票，只是为了制造可能邂逅一位优秀的商务男士的机会。尽管最后她确实成功嫁入豪门，不过这只是一个个案。当然,我们不提倡大家也这样做。反之,如果我们按照一般的"门当户对"逻辑,这位女士就不会把上述那些非常优秀的男士作为"目标客群",因此,她在选择获取这样一位"合适条件"的男士的时候就会选择相匹配的渠道和方式。比如,找周围朋友帮忙介绍,和同事或其他公司的工作伙伴多聚会,多和身边合适的单身男士交朋友,偶尔浏览一下靠谱的相亲网站,等等。这就是先从潜在人群当中选择一部分投入产出合理的目标客群,再选择匹配的营销方式和内容。当然,如果这位女士很有勇气,愿意挑战一下所有的潜在人群,也可以公开在报纸上刊登征婚启事。不过,最后的成本和可能会出现的麻烦并不是每个人都能接受和承担的。

展现	访问	数据收集	销售线索	转化
市场营销	落地页	轨迹	典型	销售跟进
	内容	行为	评分	市场营销
	标签	相关性	分类	观察
投入产出比	访问质量	打通数据池	衡量标准	反馈

10 夯实：无处不在的社交网络是如何改变销售线索获取的

我们先看看下图，来整体了解一下社交网络客户管理中如何获取销售线索的过程，也了解一下社交网络客户管理系统在整个社交媒体营销链路中的位置和作用。

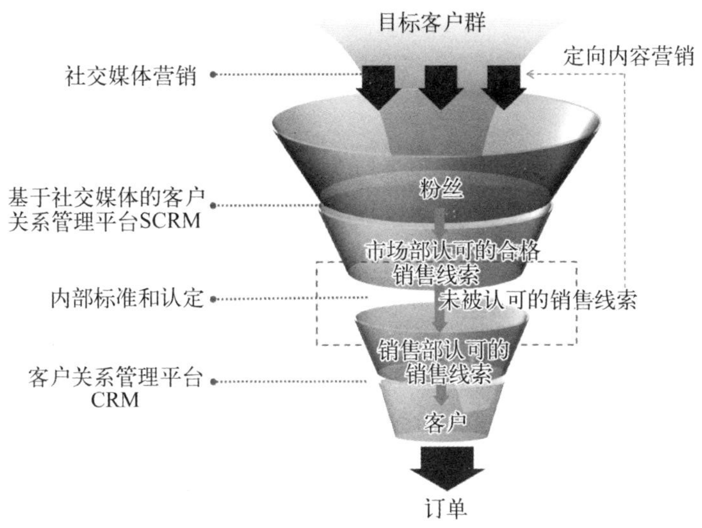

工业品社交营销：从“粉丝”转变为“客户”

我们就用现在国内用户量最大的APP微信来举例说明在整个营销链路中从获得粉丝到销售线索转化为客户的过程。从目标客群到转化为粉丝的阶段，我们称为社交媒体营销（获粉），即利用微信等社交媒体平台作为媒介和工具,通过在这一平台上组织各种各样的营销推广活动、内容推送、广告信息传递等触发与目标客群的互动,并使他们成为你所建立的自媒体或小程序的粉丝(用户)。

我们常常说的“大号”就是具备一定粉丝数量的微信公众号。事实上,建立一个微信公众号并把它做成一个“大号”并不是一项简单的工作,其难度不亚于建立一份市级的报刊。中国目前大约有 3 500 万个活跃的公众号,其中一部分是 B2B 工业品企业的。但是,真正活跃的头部“大号”屈指可数。比如,约有 25%的粉丝阅读量其实是发生在头部的 500 个“大号”上,而阅读量超过 10 万的公号有一半也是来自这头部 500 个“大号”。当然,如果你一旦做成了头部的“大号”,广告收入也是相当可观的。然而,大多数工业品企业的公众号即使有能力拥有众多的粉丝,但也并不等同于它拥有了巨大的商业价值,至多也只是说明拥有了一定的媒体价值。

公众号的媒体价值未必等同于商业价值

公众号的媒体价值是否等同于商业价值?那就要看你的商业模式,以及受众人群是否符合你商业模式的需求。比如,有一些公众号的商业模式是从推文的广告开始,到通过公众号的粉丝来购买产品即发展电商。在这个模式下,公众号的媒体价值是具备对应的商业价值的。我曾经遇到过一个做 B2B 产品检测业务的企业,主要是给各种 B2B 产品做安全测试并提供分析报告。它们也做了一个公众号,内容主要是发布他们偷偷去超市货架上拿取各种产品做现场测试的结果,检测一下这些大家熟悉的产品里有没有有害物质。这样的内容和现场直播的方式自然可以引起许多老百姓的共鸣,结果几年时间它们就成了一个粉丝数量有数百万的大号。然而,它们此时遇到了一个巨大的难题:如何通过这些粉丝变现?它们的业务是让产品的生产商请它们去做测试,但它们公众号的内容制作方式很容易得罪厂商,同时也造成那些厂商反过来再请它们做测试并承认它们的测试结果公正有效就变得非常勉强。这数百万粉丝都是作为个人消费者来关注它们的,很少有人会站在企业立场去考虑自身所在企业和这家机构的关系,因此,粉丝转化为真正客户的可能性比较小。显然,这里的媒体价值就不具备在原来商业模式下的商业价值。

当你有了一定数量的粉丝后,即使不一定是非常大的数量,你也希望能够从这些粉丝身上获得实际的商业价值。而这个商业价值对于大多数工业品企业的商业模式来说,就是这些粉丝对于公号内容的关注行为带有“企业视角”。所以,我们很多工业品营销人员纠结于企业公众号的内容定位到底是和业务相关,还是只是为了愉悦个人以获取持续关注。依据我们现在提出的立论,即如何在一定的商业模式下体现媒体价值中的商业价值这一点,我们应该就能很清楚地知道——企业公众号只做与业务相关的内容。

具备“企业视角”的粉丝才有商业价值

事实上,那些我们鉴别出来的带有“企业视角”的关注者或关注行为,其实就是销售线索了。再次重申一下,销售线索和很多人理解的那些已经是比较明确的购买需求的定义不同。我认为,在微信这类到目前为止还依然非常个人化的互联网平台上的社交媒体,若粉丝能够基于企业视角和立场来关注一个公众号的内容,就已经能够说明粉丝既具备了这样的兴趣点,也是具备潜在购买决策权的相关职能人员。这个结论其实大家可以适当利用“同理心”来理解:粉丝愿意花费自己的“私人时间”,以私人的身份去了解一件只和他们工作相关的事情,那么,他们一定是认为这件事和其工作会发生交集,粉丝以职业身份对这件事感兴趣,即表示粉丝所在的企业也感兴趣了。

获得这个结论,使我们要寻找社交媒体上的销售线索的目标变得非常清晰了——找出那些能站在“企业视角”对公众号内容感兴趣的粉丝并“激活”他们,与他们互动。如今,市面上就出现了许多 SCRM(社交媒体客户关系管理系统)工具的提供商来帮助我们实现这一目标。SCRM 是帮助企业陈述其自媒体的媒体价值在自有的商业模式下的商业价值的工具。这一价值陈述会带来三大显著的好处:帮助企业认清现状和投入方向,使营销人员的工作得到认可,将品牌营销行为和业务营销行为结合在一起。这应该是目前工业品市场部人员一直致力实现的三个目标了。也因此,SCRM一经推出就受到了工业品企业热情地追捧。以往,我们常看到许多在一般消费品领域为营销人津津乐道的新营销工具和方式一旦到了工业品领域就“水土不服”。这里面固然有很多原因,包括工业品营销市场的相对不成熟等。试想,在消费品领域,如果一个产品和品牌畅销,那么市场营销部一般都是记首功的。而换到工业品领域呢?营销人员能知道这个项目成交了就不错了,别说再去抢功劳了。所以,这也是为什么营销人员明知道“销售线索”这件事比较虚,却依旧铆足了劲儿去做的原因。

SCRM“陈述”媒体商业价值的作用大于“获客”

那么,目前市面上的这些SCRM工具能否帮助我们去辨别所谓关注者是否拥有企业视角呢?我认为还是有一定差距的,这个差距主要来自两方面原因。第一,腾讯官方提供的微信数据开放接口的可用数据实在是有限,且其中最主要的和阅读内容相关的数据是无法获得个人信息的。第二,这些SCRM还是在重复确认企业公众号的媒体价值,寻找它的传播节点,而没有设计足够的捕获关注者“企业视角”行为的“打卡点”。SCRM释放的很多行为“打卡点”又是非常强的“企业视角”和意愿下才会触发的,比如生成裂变海报,比如参与线上线下活动等,这已经不再仅仅是销售线索的范畴了,而是客户的范畴。我们有理由认为,这些比较强烈的互动意愿可能已经超出了站在企业视角产生兴趣的阶段,使得收集到的满足这一阶段的数据样本总量较少,变相提高了有价值的销售线索的门槛。因此,我相信SCRM在工业品领域还会有一个定制化和行业化的垂直发展阶段,才能够达到我们所需要的对具备“企业视角”的关注者的鉴别和管理功能。

我们鉴别出来的这些具备“企业视角”的关注行为在销售线索上还有可能被进一步细分为两类,即“营销认可的销售线索”(MQL,marketing qualified leads)和“销售认可的销售线索”(SQL,sales qualified leads)。当然,对于MQL的定义我自己有一些不同的观点。很多营销公司或品牌方认为MQL只是初步具备潜在销售价值的销售线索,而SQL才属于真正有转化价值的销售线索。我认为，从“具备企业视角的关注行为”角度来看，MQL 和 SQL 应该是具有同等价值的销售线索，但它们适用的转化渠道不同。当下获取 SQL 相较于 MQL 的区别是，前者具备了被销售转化的价值，即单个线索的潜在销售收入或战略价值要远大于派遣一个销售去跟踪，并面临着可能是无效线索这样一个结果的成本。未能成为 SQL 的 MQL，相比于 SQL 的转化成功率未必低，但是它在目前工业品公司销售流程下的转化成本（即投入的销售资源成本）一定是远远超过它带来的潜在收益的。所以，对于 MQL 和 SQL 要求有巨大差异的公司（往往是因为销售部和市场部对于销售线索的评价体系不同），其背后反映的现实问题实际上是销售转化成本非常高昂。这类企业所要改变的未必是两个部门之间的观念差异，而是公司的销售流程和销售资源配置不合理的问题。只有合理配置销售资源，才能使得公司拥有更多不同的以低成本的方式转化那些潜在收益低的销售线索。比如，现在大多数开始从事电商的工业品公司基本都不反对把在网上获得的销售线索先导流到自营的网上商城去。

CRM 是一个销售工具而不是市场营销工具

在搞清楚了 MQL 和 SQL 的联系和区别后，我们就正式跳出了现在大多数工业品企业市场营销的工作范畴而进入真正意义上的业务管理工作领域了。尽管在我个人看来，这本就是一个不可分割的完整闭环，但现实是不少公司是由两个平行的部门在管理和考核这些内容。销售线索或者更准确地说是销售认可的销售线索（SQL）会通过企业自建的客户关系管理系统（CRM）被进一步跟踪和管理。因此，在现今企业的营销流程和职能划分之下，CRM 实际上是一个销售工具，而不是一个市场营销工具。我听到过很多市场营销人员抱怨自己连个 CRM 账号也没有，实际上这本来就只是让销售使用的工具。

那么，为什么市场部的人认为自己和这个 CRM 系统有关联呢？抛开他们希望获得销售线索后续的反馈这个需求来说，主要是因为这几年的 CRM 是以数字化平台的方式呈现出来的一项新事物。基于“数字化的新事物”往往和市场部有着或多或少的关联这一惯性思维，市场部人员天然认为 CRM

和他们有着一定的关系。更何况他们好不容易有了机会去量化自己营销工作的结果，到了销售部这里就断了，当然心有不甘。实际上，CRM 这一体系早就存在于销售部了，只不过它之前并非是以数字化平台的方式呈现，而是以销售周会、电子表格、演示文档甚至是以钉在墙上的业绩图表的形式来呈现的。显然，这些形式的 CRM 并没有数字化平台形式来得更有效率，更真实可靠，但也因此让销售人员更不喜欢 CRM。英剧《黑镜》中有个场景是：某个时间，每个人都安装上了一个记忆粒能够储存和回放所有眼睛看到的东西，完全像看高清电影一般，还能放大焦距和投屏显示。因此，人和人之间就没有什么关于回想不起来的或者有没有发生的争议，而可以随时调出记忆来投屏共享。显然，这样的设置大大提升了沟通效率，但它带来的副作用就是人们必须完全坦诚相见，而这又是很难做到的。所以，今天的 CRM 某种程度上相当于给每个销售配了一个记忆粒，只是它还需要销售人员自己手动输入数据而已。

销售线索经过漫长的获取、鉴别、管理、使用等过程，最后转化为客户订单。这就是整个销售线索管理的流程。从目前来说，由于这些流程至少被分散在销售部和市场部两个平行的部门，因此难免会出现效率低下的情况。甚至有些公司市场部推送的销售线索几乎没有一个能被利用，而销售自己又搞了一套流程和获取线索的途径，实在是有点浪费资源。要改变这一局面，或者是想办法增加更多的销售转化途径，使更多的线索可以满足转化成本和产出收益比的要求；或者是改变现有的组织架构，让市场部和销售部的关系变得更加密不可分。

工业品营销要活用“私域流量”和“公域流量”

从上文我们知道了社交网络对 B2B 工业品企业获取“销售线索”的作用。事实上，从流量的角度来看，这种销售线索的辨别、孵化和转化相当于是在自家后院里种树的过程，把一棵树苗从外面的苗圃买回来，种进自家院子，经过悉心照料，再等待它开花结果。我们把“外面的苗圃”定义为“公域流量”，把“自家的院子”定义为“私域流量”。社交媒体营销工作和自媒体的管理其实就是对“公域流量”和“私域流量”的灵活运营。《头号玩家》除了电影本身吸引人的情节和特效之外，让我意犹未尽的还有电影展现的一个庞大的游戏社群所产生的作用。当然，电影里设定的这个游戏社群几乎囊括了所有人，这在现实当中是不可能的。大多数社群都只是由一小部分人组成的。但是，这个游戏社群通过意见领袖个体的作用，把众多零散个体团结起来，最终成功推翻有实力的大公司运营团队，其背后的运营逻辑，还是值得我们运用到 B2B 营销工作中来的。

在《头号玩家》中，Oasis 就是这样一个大社群，而那些组队的玩家就是大社群中基于一定的共性，比如年龄、兴趣、目标、能力等而形成的小群体。男主作为积分榜榜首的“高玩”，自然是大社群和这群由“高玩”组成的小群体中的 KOL(意见领袖)，自带流量，一呼百应。如果连主角要拼命的时刻都有万人追随，那要是让他代言卖装备，岂不是小菜一碟。不过，主角最先影响也是主要花精力来推动的还是那个由“高玩”组成的小群体，再由这个小群体去辐射和带动整个游戏社群。显然，这种由社群带动社群的方式要比仅仅依靠他个人排行第一的名气来直接影响所有群体的效果好得多。这就是我们社群营销中常见的利用“私域流量”冷启动，再去影响“公域流量”的做法。而对于品牌商来说，日常要做的并不是时时刻刻关注“公域”的情况，而是要专心于“私域”的建设和维护。

我们再来看看 B2B 数字营销在“公域流量”和“私域流量”这两个概念上发生的一些变化。在过去，B2B 数字营销很重要的一个环节便是建立“外部流量池”，即依赖于行业内有影响力的垂直平台推荐，购买站内流量导引到自己的官网，从而获得点击率和浏览量。这是典型的 PC 时代传统营销模式下的数字化媒体营销方式。然而，随着移动互联网技术的发展，微信和其他众多社交媒体营销方式的迭代，用户迅速聚集并长时间停留在各类社交网络中，“流量池”的营销策略开始逐渐让位给“用户池”。即企业不再依赖于媒体广告投放或各类门户网站及平台的广告推荐来引流、获取用户，而是将有限的广告预算瞄准了这些用户本身，从而依靠他们在更大范围中“吸收”符合自身社群特征的人群。其实，这个“用户池”就是我们所谓的“私域流量”，与传统的“流量池”代表的“公域流量”对应。

公众号的建立只是企业"私域"社群建立的第一步

面对社交网络,企业的社交化数字营销并不只是企业开个公众号那么简单。开通公众号之后,还要想尽办法让用户关注,然后尽可能高频地浏览公众号的内容,最好能再有活跃用户在其朋友圈和微信群里经常分享和转发。毕竟,B2B 工业品企业的商业模式和自身优势决定了它的公众号的影响力在很多方面不如媒体。即使我们之前说了很多"内容"建设方面的建议和方法,但在这个信息泛滥的时代,靠内容本身来吸引用户并触发互动依然不是这些企业的强项。对于 B2B 工业品营销人来说,可能更容易在自媒体营销上做好的是如同传统营销工作中一样地去摸索、分析用户在社交网络中的行为习惯和诉求,并将其与企业的产品或服务进行深度融合。

我们可以想象,一般用户大多是由于对某条信息有了好奇心或者想学点东西而点开了一条信息,或者他们可能想要塑造自己在他人面前的形象,或者想要维系和某个群体之间的关系,或者想要表达某个诉求才会主动分享和扩散这条信息。包括我本人在内的很多营销人常常犯的错误就是围绕某项产品的优势,结合时下热点包装成我们想要传播扩散的软文,而忽视了用户的体验,忽视他们到底在社交网络中寻找什么。这么做最直接的结果就是每次微信公号发推文,在捕捉到新粉丝的同时,也会有一波不堪其扰的粉丝纷纷"取关"。我们要记住,社交媒体营销的关键并不是直接在"公域"上获取流量,而是经营好你的"私域流量",再由"私域"去影响"公域"以获得更多的流量。所以,在"经营好私域"这个前提下,让我们暂时先抛开短期的运营考核目标,先回到分析用户在社交网络中的行为习惯和诉求这件事情上,想想如何提高用户在企业自媒体平台上的体验。

精细化"私域"运营才能满足社群内的需求

以米其林这家公司为例。提到米其林,很多朋友会想到它的轮胎业务,主要是乘用车轮胎,还有我们经常在媒体上看到的米其林餐厅指南。但其实除了这些大家容易接触到的业务以外，米其林还有商用车轮胎业务，或通俗点说就是卡客车轮胎业务。你所熟悉的快递快运公司、公交集团都是它们的客户，而被它们称为最终用户的则是一些区域性小型车队和散户司机。这些用户最初可能基于不同的原因被吸引到微信公众号“米其林无忧行卡客车俱乐部”这个平台上来，从此以后，他们会收到同样的推送内容，然而他们的诉求是不同的。这就导致在你能识别他们的身份之前，无论你每期内容怎么定主题，总有一部分人的诉求得不到满足。这个超过7万人的大社群里有若干个小社群，构成了完整的卡客车俱乐部平台。

为了运营好这些“私域”社群，我们先要搞清楚客户诉求。我们可以将用户诉求简单分成理性和感性两类。理性诉求不外乎是问答求助、产品选型、轮胎维保知识、促销信息等；而社交网络上普遍的感性诉求则是寻找情感共鸣。具体到米其林卡客车用户就是那些常年劳碌的司机群体来寻求认同和关怀，或者是米其林轮胎的经销商渴望获得口碑和更多的销售支持。

基于用户的理性诉求，米其林卡客车俱乐部做了三方面工作来体现自媒体平台的工具属性，而工具属性又是吸引外部精准新用户加入的关键。这三个方面的工作分别是：① 在公众号平台上优化产品和商务信息类内容的菜单，让用户能快速找到自己想要看的信息。② 设置自动回复的微客服关键字，并且涵盖用户大多数常见问题。③ 推出一款卡客车轮胎的选型工具——米其林轮胎锦囊，并以应用场景分类，引导用户根据相关行业及路况选择合适的轮胎产品。当然，从SCRM的角度来看，这些数据也反过来能帮助企业从后台按行业将用户分类，为今后更精准地推送内容提供依据。事实证明，这个选型工具确实是目前点击率最高的菜单。

而对于用户的感性诉求，可以在区分司机、经销商的基础上分别在大社群内再建立两个小的社群，针对他们各自的需求给予更有效的激励。比如，米其林鼓励司机签到、晒里程，比拼里程数的过程，就是荣誉感驱动力的发挥。而品牌方也能从这些晒里程的比拼中通过里程总数的多少，找到那些老司机中的“王牌”，即他们之中的KOL。同时，他们晒出的里程数（单个轮胎使用寿命范围内）就是米其林轮胎品质的最有力证明。又比如，米其林通过社群影响力来鼓励经销商多销售米其林轮胎。作为在社群中的奖励，米其林会给予相应的专业店认证，并提供培训，以及在社群中展示这些店铺的机会，从而既帮助了经销商提升服务水准，又在行业内建立了他们的口碑。

“私域流量”相比于“公域流量”更加精准，其忠诚度也更高。千万不要把自己辛辛苦苦建立起来的私域流量池变成一潭死水，却又不断地花大价钱再从公域流量池中想方设法地引流过来。只有先经营好自己的“私域流量”，才能更好地去获取和同化“公域流量”的资源。

“做号”还是“做媒体”？

既然“私域流量”这么重要，我们到底是深耕一个平台或自媒体，把所有资源集中在一起去努力建设一个大流量池，还是在不同的平台上都做一些尝试，紧跟潮流，争取形成多个不同的小流量池呢？其实，这个问题也是营销人一直纠结但没有答案的问题：“做号”还是“做媒体”？随着移动互联网与我们日常衣食住行的深度结合，以及移动互联网基于用户画像和人群特征的垂直细分后衍生出大量新的应用和平台，越来越多的互联网服务开始展现在我们的面前。事实上，每一个营销工作者在面对不断涌现出来的电商平台和社交媒体时都会有这样的想法：又有新玩法？B2B 工业品企业营销资源有限，人的精力和能力有限，我们又该如何在单一平台和多平台上进行取舍呢？

其实，对于面向一般消费者的业务，营销工作者的主要任务就是跟客户一起追逐热点，寻找目标消费者的关注点。这就好比很久以前中国近海捕捞业的发展。最开始，大家也是随意出海捕捞，但是每次都收获寥寥。于是，渔民们就向科学家求助以寻找更多的鱼。科学家通过计算和分析，很快找到了黄鱼洄游的聚集地。此后几年，我们的黄鱼多得吃不完，每年产量都是以前的十几倍。几年后，那些地方也捞不到什么鱼了。于是，渔民们又向科学家求助。科学家们经过计算和分析又找到黄鱼交配产卵的地方。后面那几年的捕捞量又达到了历史高点，甚至寻常百姓家都能天天吃上野生大小黄鱼。但经过这样的循环后，现在我们已经基本上吃不到野生的黄鱼了，只能靠人工养殖。所以，B2C 业务的营销工作者的主要任务就是做好那个渔民，及时寻找靠谱的“科学家”来帮助我们预测并找到下一个热点，在“鱼儿们”还未被一窝蜂涌入的其他渔民们瓜分干净前先下网为强。

不过，同样的事对于 B2B 营销人员来说就不是这么简单的事了。B2C 营销像打鱼，看准了地方下网多少都会有收获。即使抓到的鱼有大有小，有好有坏，但对打鱼的人来说无非是下次再想办法找更准一点的地方下网，或者渔网再换好一点的。B2B 营销可能更像是打猎，不是说你知道哪里有熊出没，就把网往那里一撒，熊就会傻乎乎把网套在自己头上的。一般来说，一个成功的猎人必须要做到以下三点。

首先，猎人需要的是观察力，或者说是洞察力。虽然这和“客户洞察”并不完全是一个概念，但是也有相似之处。B2C 营销是围绕着客户洞察展开的，而 B2B 营销虽然更依赖产品本身的力量，但营销人员的洞察力在其中发挥了重要作用。猎人需要观察什么呢？比如，猎物留下的踪迹，它们日常的活动规律；有一头猎物，还是有一窝猎物；猎物个头的大小；猎物是否会主动攻击；猎物的周围是否还有其他动物出没；猎物的食物是否充足；抓捕点周围哪里适合埋伏，等等。这件事在营销上叫做客户画像，B2B 营销最难的就是建立客户画像。因为每一个客户都不一样。所以，猎人们要借助其他人观察的结果和推论（第三方数据），来比对自己观察到的一些线索（第一手数据），从而更迅速地找到猎物。

其次，猎人需要的是耐心。打猎不像是捕鱼，一下去就有结果，下几次网可能就有几次收获。有时候，猎人埋伏两三天，可能猎物也不出来觅食，或者出来一下半道又回去了。也有时候，虽然猎物出来了，但是它没有按照平时的路线行动。于是，那些预先设置的陷阱都成了摆设。当然，猎人也不会随便乱放枪，以免吓跑猎物。所以，做 B2B 工业品的营销，可能要坚持一段时间，有一个慢慢积累和方法微调的过程。当然，有时候运气也很重要。

最后，是要广撒网，多布线。大家可以想象下，猎人一般是不是都会不止设一个陷阱，不止放一个捕兽夹？原因很简单，既然不能保证猎物一定是走这条路线，正好踩到这个陷阱，那就多设几个，分布在猎物可能出没的几个不同地方，甚至因地制宜地使用不同类型的陷阱。这样，即使猎物没有踩中其中一个陷阱，或者从某个陷阱挣脱了，也可能在下一个陷阱继续“中招”,最终“难逃一劫”。这种策略其实就是我们所说的多平台策略。多平台策略即利用不同媒体的协同效应,在短时间内爆发出惊人的声浪,以获得大众的关注,从而在一段时间内实现“霸屏”。这种多平台策略的核心在于平台之间的差异性和互补性。

我们在互联网这片战场上经过那么多年搏杀,应该早已经悟出了一个道理:没有一个平台是完美的。比如,时下流行的小红书虽适合“种草”,但电商转化困难;京东、天猫是“真刀真枪”的销量为王,但是做品宣的成本太高,难度也不小;微信公众号虽然粉丝精准,但“增粉”困难,活跃度不高,KOL 的真实流量也日渐堪忧,流量变现更需谨慎;微博大起大落,容易展现却很难变现,大 V 和热点已经独霸天下,垂直领域很难凸显;今日头条千人千面,抖音、快手上品牌保护是问题。总之,似乎没有一个平台是你埋头深耕就可以高枕无忧的。更何况,深耕好一个平台也并没有想象的没有这么容易。尤其对于 B2B 工业品来说,本来营销预算就有限,利用多平台策略有利于降低风险,并提高目标受众的转化率。

要做好多平台策略,首先要了解每个平台的核心竞争力和商业模式。比如,电商平台的价值在于获客,内容平台的价值在于精准传播,社交平台的价值在于用户黏度,行业和大众媒体平台的价值在于品牌营销,等等。其次,我们还要熟悉每个平台的玩法。比如,天猫要交易额,京东要流量转换的单价,微信要阅读量和一次打开率,微博要互动和热点,小红书要收藏和点赞,抖音要关注,等等。既然每个平台的需求不同,我们可以尽量把一种资源拆开来应用在不同平台内,也可以通过对不同平台评价系统的了解,精准地把自己打造成为该平台上的热门品牌。

做好多平台策略还在于不要过于计较自媒体的发展结果。虽然营销人常常把自媒体看作自己的孩子,总希望它能够逐渐成长为行业的标杆,产生媒体价值和商业价值。但是,要运营这么一个既精准又有声音的大号需要耗费的资源实在是不少,如果只是为了推自己公司那些产品可能都有点浪费了。所以,B2B 营销人更重要的是做好内容以及线上品牌和产品的定位,然后寻找合适平台中的合适的媒介来传播。换句话说,如果非自媒体或非自营的平台能够更好地转化和留存,就不要绕弯子一定要落地到自媒体上。

比如,“饭爷”拌饭酱一年卖了几千万,上了几千家店的货架,自己的官微不过几千粉丝而已。B2B 营销最终的目的还是希望转化为客户订单,而不是真的需要去建一个类似杜蕾斯这样,关注它就是为了看段子的品牌自媒体。

B2B 多平台策略还有一个重要的意义就是不要轻易放弃任何一个平台。很多公司有了微博就放弃了官网,有了微信又放弃了微博,然后看着抖音、快手、小红书的用户噌噌噌地往上蹿,就忘记了文字内容的创作,而转向小视频的制作。这对 B2C 的消费品行业来说不是什么难事,因为预算充足,可以在原来平台投入不变的基础上另起炉灶,花大价钱来试试水。但 B2B 工业品行业就没有这么好的资源,在短时间内不仅能维持原来平台的投入,还能大力试水新平台。如果真的要追热点,那碍于预算,就可能真的要放弃一部分现在在做的事了。而从多平台策略来看,我们未必要放弃哪个平台,也未必要迅速地在哪个新的平台上做得风生水起,而是在小步尝试各个平台的玩法和优势后,寻找自身合适的切入点,来布局整个客户旅程。尤其是对于那些 B2B2C 业务,既有 B2B 的营销模式,又有 B2C 的品牌建设,利用多平台策略,可以达到效益最大化。这样理性地制定互联网营销策略,可以使营销人进入每一个平台的目的更纯粹、更简单,也能避免盲目依赖单一平台而产生的风险。

11 复盘：当下对工业品营销来说是好时代，还是坏时代？

有人说营销人最黄金的日子是在十年前互联网营销刚刚兴起的时候；有人说20年前互联网刚诞生不久的时候才是营销人的风光的时候；还有人说广告还很管用的时候令人怀念；甚至有人说，在央视还是一家独大，央视"标王"风光无限的日子，才是营销人辉煌的时代。今天，在谈营销的方法论之前，我们先来谈谈作为一个营销人，怎么看待营销这件事本身，以及这几年营销行业所发生的变化。我相信，不管哪个行业在哪个时候，产生价值才是长盛不衰的根本。

营销行业的好日子真的过去了吗？

某天，我和一群B2B行业甲方、乙方以及在甲方和乙方都待过的朋友们聊起现在市场营销或者广告业界的变化，大家一致地感叹生意难做，好日子一去不复返了。甲方指责乙方不懂业界良心，拿着上一家"比稿用下来的幻灯片"改个标题临场发挥，靠着胆大、心细、脸皮厚也能成功过关。然后，一旦开始正式运营，就让到岗没到一个礼拜的实习生来写文案，弄得甲方变成了给实习生上课的培训老师。有时候乙方甚至连内审的流程都免了，品牌负责人连微信推文都没有打开审阅一下就来一句"先发出去吧"，直接踢给甲方来检查错别字。

甲方刚抱怨完，乙方又抱怨甲方：你们实在太抠门，你们要做一次直播，明明就只给20万元的预算，却还想要"当红明星"来给你们站台。别说"当红明星"了，就是普通的"网红"也都已经不是这个价格了。以前随随便便就能出上千万预算的案子，现在我们副总裁亲自来做都拿不到。甲方还拼命跟我们说预算紧张要降价。

我每次参加这样的活动，总能听到甲方、乙方这样的抱怨。过去的二三十年间，究竟是什么改变了市场营销这个行业，而广告界又到底发生了什么才会变成今天的样子，这个行业又将何去何从呢？我们不妨一起来看看。

市场营销这个行当和品牌一起诞生

二战后，伴随着经济复苏和人民消费水平的提升，品牌这个如今已经占领了无数消费者心智多年，在当时看来还是新兴事物的概念出现，也给予现代广告业和市场营销行业迅速崛起的机会。大家应该都听过这样一个故事：有一个工程师应邀去解决一个设备故障，他看了一遍机器并了解了问题发生的经过后就在设备上画了一条线，然后修理工从那条线的地方打开外罩，果然找到了问题所在，并且修好了机器。工程师的收费是 1 000 美元。当时，所有在场的人都地羡慕地说："你的钱真好赚，画条线就能赚 1 000 美元。"工程师笑着说，"画条线 1 美元，知道在哪里画这条线 999 美元"。

事实上，广告营销之所以赚钱的原理也差不多。那些天价提案的背后其实不只是这次营销活动花费的成本以及营销策划公司提供协调服务的成本，而是对于广告主和品牌营销这件事的洞察能力，是对广告投放时市场环境和各种媒体效用的辨识能力，是看清楚消费者逻辑和市场认可规则的能力。1 000 万元的案子，100 万元是给执行，100 万元是给媒体，剩下 800 万元可能就是用来支付创意和对客户与市场的洞察能力。这个行业随着时间的推移，逐渐不再能通过信息不对称获利了。就像咨询业，以及很多其他的 B2B 服务行业一样，单纯依靠信息不对称的壁垒和掌握行业内部规则来维护高额利润，已经变得越来越不现实。更甚者，现今的许多 B2B 服务行业，随着人才的流动，也许会有很多甲方比乙方更清楚"那条线应该画在哪儿"，并且知道这条线画出来的成本和风险。甲方只是需要由乙方去落地执行，以解决甲方在执行上内部人力资源上的不足。鉴于此，甲方又能开出多高的价格给这项工作呢？

营销行业正在重回理性“商业价值”

依然还是有很多营销公司还没搞清楚大环境的变化，停留在过去的那个时代。每次看到甲方拿出预算要提案，就好像地主家开仓放救济粮，大家都背着个麻袋，提着个簸箕去收。最后，就看哪个乙方的袋子大，簸箕深，或者谁更早知道这个放粮的信息提早去占好位排队。

不过，这样的好日子也只能存在于行业发展初期信息不对称还能产生价值的时代。随着这个时代渐渐过去，在过渡期，如果乙方还不做改变，学会从信息不对称的竞争环境下转移到信息相对对称的竞争环境下经营，那就会被行业淘汰。营销行业市场趋于饱和，甲方水平的迅速提升，商业价值理性渐渐回归，乙方也应当重新审视自身的产品和价值的提升以获得期望的回报。

数字营销并不是用数字媒体来做传统营销

我在上一本书《首席数字官自述：我的 B2B 数字化转型方法论》里提到过，其实数字营销并非只是利用数字媒体进行传统的营销活动，而是基于数字化的渠道和平台搭建新的商业模式来完成企业的转型和升级。所以，现在的数字营销公司应该做到的，实际上是比客户更加能够洞察它们的目标市场和客户，要通过创造新的商业价值来提升营销服务的价值，而不是通过提高预算来获得价值。

有的 B2B 工业品公司让销售请客户吃饭，每年能花上千万，但是做广告可能连 10 万元都得分两次花。不是没钱，而是没有看到价值。所以，不少营销公司觉得没法在某个甲方公司提高预算，就索性放弃某个案子。但是，这些营销公司的人有没有想过如何去创造价值，利用数字营销和互联网技术搭建企业社群，基于共享经济的去中心化理论，基于大数据分析的洞察来创造新的商业模式呢？显然，如果有公司每年依然按指标预算花钱，不去探讨商业价值和商业模式，那么创造预算确实比创造价值容易。当然，有人要说，有些大的4A广告公司做同样的"三板斧"，为啥能开十倍的价格。那是因为，当行业里还没有人真正清楚如何创造价值，并且产生成功案例前，大公司的品牌背书本身就是价值。"老板，我已经用了行业最好的公司了，我尽力了。"大公司的品牌背书为营销经理在探索新路的过程中可能遇到的失败买了过错票，所以也是一种价值。

营销行业需要为适应新时代而改变

那么，在这个传统市场营销行业遭遇拐点的时刻，我们到底应该如何适时地抓住这个既是挑战又是机遇的转型期来实现向甲方提供价值，从而获得远远超过廉价劳动力服务的回报呢？我觉得可以从两个方面来入手：① 公司内部利用产品化、标准化和系统化流程来降低成本和提升效率。② 把纯粹以客户为中心的定制产品的劳务型模式，变成结合自身已有优势和行业洞察结果，引导部分客户按照你提供的模板慢慢改变原先固有的营销理念的顾问型模式。即向客户推销一整套较为成熟的基于行业特性的市场营销工具，与基于这套工具的方法论和数据模型，从围着客户转变为客户围着你转。

如果客户是拿着你给的工具和营销模型建立的内部营销流程，那他们还能长期离开你的工具升级和落地执行服务吗？而所谓产品化、标准化和系统化流程就是改变原来以项目和客户需求导向的商业模式，建立产品导向的业务模式。通过模块化的产品组合来满足客户不同的需求，最终降低定制服务高昂的边际成本。有人会问，原来的营销公司不也是拿着差不多的提案去不同公司来回兜售，长期合作的优势媒体也就那些，和这里说的有什么不同呢？这里最大的不同就是，那些明星也好，优势媒体以及热点方案也好，并非是这些公司的独有产品，而是"公共资源"，而回到这里，营销公司在每个项目中的创意和落地服务却是它们的独有产品。所以，市场营销行业也许要进入到一个非常无趣的工业化时代了。当然，今后人工智能可能都可以代替我们去做这项"把对的信息在对的时间和地点告诉对的人"的工作了。

如今,通过信息壁垒和行业垄断产生的超额利润也许只存在于个别行业和公司了,更多的商业行为要回归到价值本身。如果营销不能为公司创造新的价值,产生新的商业机会,那么,我们又为什么要花费这么大的代价去做它呢?让我们一起沉下心来,重新去正确识别市场和客户的价值链,再次利用数字化这个时代更迭的机会,重新焕发市场营销行业的价值,赚合理但并不微薄的利润。这是一个最坏的时代,但也许也是一个最好的时代。

12 跨越：工业品营销人该如何看待数字化营销的趋势

上文讲述了很多关于 B2B 工业品营销策略方面的内容，即使有很多举例说明，也可能会让读者觉得太过抽象，都是在谈论大框架和概念上的内容，很少有能够直接依葫芦画瓢拿来就能用在日常工作上的。接下来，我们就更实际地讲讲我们 B2B 工业品数字化营销应该做和可以做哪些工作。

工业品行业的数字官的岗位职责

我本人应该是互联网经济达到一定规模后催生出来的工业品行业第一代数字官。作为数字官，大体要做的就是领导公司的数字化转型，并基于数字化的大环境制定一系列能让公司适应新环境的策略。简单地说，就是世界变了，市场环境也因为新的技术和新的文化产生了新的需求。而针对这些新的需求和变化，公司要做出一些策略性的调整，改变内部的一些体系和结构，调整商业模型，推出一些符合新市场环境要求的业务和渠道。

一般来说，作为数字官要做好三件事：首先是渠道和营销方式的数字化，即建立公司的电商化渠道和整体的数字化营销能力；其次是内部信息和业务流程的数字化，即打通内部所有的数据库并建立内外贯通的信息流；最后是生产、物流、仓储和采购的数字化，即所谓智能制造。

不同公司依据自己的业务内容和所面临的外部环境，通常在这三件事上开展的先后顺序和投入的资源也各不相同。有的公司比较注重内部业务流程的数字化，如很多跨国公司都很看重在各个国家的分公司统一推进 ERP 和 CRM，以及员工人力资源管理、业务流程审批等系统的使用，以确保不同分公司能采用统一的标准来进行公司的日常管理。同时，总部又可以通过后台数据去评判各个分公司的管理水平和财务情况。也有些行业的公司比较看重生产和采购等后端的数字化，如一些从事汽车和电子产品生产的公司，通过数字化手段管理生产、物流和采购流程，能让生产的柔性度更高，产品质量也更有保障，生产的成本也大大降低。还有一些公司，尤其是许多近几年来新创立的互联网公司，更加看重营销渠道的数字化，通过大数据更好地了解客户需求，获取客户反馈和市场舆情，及时调整产品和服务，迅速提升口碑和品牌知名度，提高市场份额。

数字化营销可作为工业品企业数字化转型的发起点

从我的个人经验和对许多大公司实际的了解来看，如果要同时开展这三件事，尤其是当这三件事在此之前的基础都差不多且相对都比较薄弱时，所需要的资源和面临的困难将会非常多。一般来说，我们可以先从一件事开始做起，尤其是先从沟通外部的市场销售端做起，再慢慢推进到全局，也许会起到事半功倍的效果。因为市场销售的数字化除了传统渠道的一些阻力，内部的其他阻力较少。同时，大环境的趋势也迫使管理层在这方面会给予较多的灵活性。再者，如果能在短时间内通过新渠道产生增量销售，或者通过更好的数字化营销及品牌建设帮助公司整体获得更多利润，也能在公司内树立起良好的个人形象，以获得更多、更好的资源，建立起跨部门的信任。

既然，销售的数字化转型和企业数字化营销能力的建立是企业三大数字化工作的优先级内容，那我们该怎么开展这些工作呢？实际上，B2B 业务类型和 B2C 业务类型的公司在这方面的做法差异还是比较大的。一般而言，B2C 类公司关注的是现在大多数人感兴趣什么话题？他们从哪儿获取和关注这些话题的？最主要的意见领袖有哪些？我该如何利用这些关注和热点对我的品牌和业务产生帮助？而 B2B 类的公司更在意通过开展营销活动，最终谁能给企业带来直接的订单转化和市场信息反馈。所以，一般 B2C 公司的做法更倾向于和拥有大量受众、覆盖人群范围较大的数字化媒体合作。然后，再依靠数据进行人群的细分，以更精细的投放预算和目标人群的匹配来做品牌营销活动。而 B2B 类型的公司则更注重在互联网上建设好自身产品和服务内容的官方入口，建立良好的官方市场形象，把官方的业务对接窗口和授权的渠道信息凸显出来，让对自己业务有需求的目标客户可以在最短时间内通过公司官方的渠道获取产品或服务信息。

做工业品数字化营销先建好本地官网

相对于国内的 B2C 业务类型的公司普遍关注流量集中的第三方网站平台和社交媒体来说，B2B 工业品业务类型的公司值得花更多精力在自己的网站建设上。实际上，中国网民普遍来说对企业官网的关注和使用频率，尤其是在快消品类，是远远小于国外网民的。B2B 业务的客户对于信息的可靠性和丰富性都有较高的要求。而企业建立自己的官网，通过使用客户熟悉的视觉风格，行业通用的一些展示方式和更加合理的内容布局可以更好地帮助访客尽快找到他们感兴趣的内容，提高他们的阅读效率。相比于一些大众论坛、门户网站和社交平台，一些垂直类网站也更受 B2B 行业内人士的青睐，虽然它们没有各大品牌自己的官网那么有信服力，但由于其所展示的信息与本行业密切相关，使用的语言和内容索引也都更符合行业从业人员对信息搜索的要求。

很多国外 B2B 工业品企业把业务发展到中国许多年了，却还没有建立起中文官网，甚至连中文翻译页面的提供或在中国建一个镜像服务器来提升网页加载速度都没有做到。反而因为社交媒体的异军突起，这些公司的营销团队成员纷纷转型变成了段子手、大号写手、意见领袖等。按照这样的方式和顺序来投身互联网营销领域，多少有点本末倒置的感觉。作为 B2B 工业品公司的数字官，无论关注数字营销也好，还是力求数字化转型也罢，要做的最基本的还是先把官网建设好。那些通过官网获得的频繁访客，信息问询乃至注册用户才是真正精准的销售线索。如果有一天，你能把官网做到千人千面的营销展现能力，能让公司庞大宽泛的业务群共用一个网站，且各个业务的关键词都能在搜索引擎获得较高的权重，同时网站又能提供实时更新的产品信息和物流状态，还能把几百本各类产品名册资料妥妥地归档整理在其中，并允许注册用户下载，那才算真正建好了一个对营销工作有巨大帮助的官网。

企业官网的复杂程度一般和业务的复杂性及范围有关。如果一个公司的业务范围很广，且业务之间的离散化程度很高，那么就需要在官网下设计相对复杂一点的内容板块，通过不同的浏览路径和内容资源来对客户的兴趣点和行为做筛选，从而区分每一块业务对应的销售线索。这些线索可以帮助对应的业务部门对进行二次营销。好的官网设计要增加可以与客户互动的功能和板块。比如，需要注册和简单的分权限浏览以及下载内容，依据用户注册资料的完善程度分配不同的用户权限，反过来也帮助企业建立起了更加完整的用户数据库。另外，即使相似的内容也可以按多条主线来设计浏览路径，如同时设计产品导向、应用导向、品牌导向（新闻和产品发布公告），甚至是以销售区域、电商平台、授权代理范围等路径来浏览同一个内容页。通过后台数据的分析，我们可以更加清楚地了解访客浏览的偏好、用户差异，也可以通过访客的内容浏览路径差异来区分不同业务的销售线索，再进行管理和使用。

要把官网做好，也离不开“内容”的建设，而这并不仅仅是数字化营销要做的事，而是营销本身就要做的事。内容做好了，如果再把主流的第三方电商平台或产品信息类平台（行业网站、黄页类电商网站、第三方工业品数据库等）上的产品信息维护好，把上面已有的一些仿冒品信息处理好，把网络授权销售商的线上价格、折扣梳理清楚，这对在现阶段数字化大环境下的B2B 工业品业务来说，就已经做得足够好了。

PIM 使得产品经理的能力平台化

除去这些线上官方信息渠道建设工作、内容管理工作和数据线索搜集的工作之外，另一项重要的数字化营销工作就是产品和服务的数字化，也就是我们前文提到的 PIM（产品信息管理）。这项工作实际上是把过去单个产品经理的经验和知识抽离出来，形成标准化和系统化的知识体系，然后借用数字化的平台分享给公司所有需要产品信息的人和外部合作伙伴。PIM系统建立与否决定了客户能否在互联网上更便利地“享受”到企业所提供的产品信息检索功能。它可以帮助企业获取用户浏览和选择产品全过程的行为数据，以建立不同类型的客户画像。

举个例子，假设你有10支铅笔，按笔芯软硬程度不同分5种型号，且每种笔芯有粗细两款笔杆，共10种组合搭配。首先，简单的数字化呈现工作就是把这10支铅笔的型号和参数全部罗列出来变成一张完整的产品选型表。不过，要是我们按这些排列组合的规律建模，在后台建立一个关联的数据库模型，那么，在前台选型的客户就可以通过输入他所需要的实际参数，再依靠这个参数和其他信息之间的逻辑关联，同时在自己并不确定的剩余参数可选项里选择看上去较为接近的一项来作为条件，最终确定自己要选择的产品。这种产品数字化呈现的方式要比单纯的全部罗列展现方便很多。或许，从10个产品和2项参数上看不出区别，但如果是10万个产品和100项参数，且它们之间的相似程度很高，那就要抓狂了。工业品产品往往一个细小参数的差异却代表了完全不同的产品，对需要通过浏览来确定自己想要的产品的客户来说，不同的数据库结构和查询方式的呈现效果会有巨大的差异。

产品信息管理工作我们前面已经做过分析，这里就不再展开。产品的数字化工作确实是建立电商渠道和营销数字化的基础，它能够把用户的使用黏性建立起来，并通过一些很便捷的电商销售路径把访客或注册用户转变为采购客户。

在官网之外，企业还可以根据自身需求来建立适合的内容营销阵地，如社交平台上的自媒体或一些第三方APP等，作为长期客户快速获取信息的节点，也利用这些节点对客户进行二次营销和品牌推广，提升客户的忠诚度，并争取让他们复购。做得好的社交媒体甚至能通过粉丝的口碑或线下活动让粉丝成为品牌方的推广者，帮助企业获得更多新的精准客群。

设计全渠道的完整数字化客户旅程

从官网的基础建设、搜索引擎引流，到通过内容创建和管理、浏览路径设计和访客权限差异化设计来获取销售线索，再通过数字化产品信息建设，提供在线产品选型浏览和数字化采购渠道，接着利用社交媒体或APP进行二次营销和客户忠诚度管理，最后能够成功让客户参与更多互动，成为企业口碑传播者。我们把这样一整条数字化营销链路称为“全渠道数字化客户旅程”。作为数字化营销工作的负责人，建立并完善这条由不同的数字化媒介和平台构成的虚拟客户旅程是当下工业品数字化营销最为重要的基础工作。只有这套数字化客户旅程被完整地建立起来之后，才有可能通过其他诸如搜索引擎优化、搜索引擎广告营销、内容社交营销、品牌数字化推广以及在第三方电商平台上促销来大量获得新的线索，维持合理的转化率和转化成本，使得企业数字化营销的整体预算被最大化地利用。

工业品数字化营销涵盖的范围很广，内容也很新。或者说，营销这件事在传统的B2B工业品企业内本身就是一门新学问，更何况是数字营销。工业品数字化营销，既不同于消费品行业需要不停制造热点和关注度，以增加品牌的曝光率，并提升品牌的认知度，也不同于原来工业品企业内部给予营销部门单一的产品管理或为销售技术方案提供支持这类职责。它是通过串联起公司所有资源和业务部门来完善客户旅程，通过合理的媒体运用、内容建设和病毒式营销等新传播手段来实现目标人群覆盖，通过电商等新渠道来实现销售线索转化的一个新营销品类。正是由于数字化转型的到来，才使得这项“新”工作在B2B工业品行业中有了需求。同时，数字化营销又天然符合工业品公司客户情况和营销需求，使得营销工作在这些公司里又被重视起来。我经常和营销圈内的朋友说，目前还没有一家以服务B2B工业品企业的市场营销需求而闻名的广告营销公司，所以这是一片新大陆。数字化营销恰好是到达这片新大陆的通道之一。不过，在通向这片新大陆时，我们依然还要摸着石头过河，不断探索着前行。

13 精描：工业品营销人不得不了解的B2B品牌化趋势和品牌化战略

曾经有一句流行在市场营销人口中的话，就是“营销的终极目的是让推销变得不必要”。看消费品行业，不管销售重不重要，或有没有必要，实际上对于营销人来说，有三件事是真正要做好的：branding，branding，branding。不要以为我不小心按了复制粘贴键，把一个词重复了三遍。实际上，这是三件独立的事。第一个 branding，即建立品牌；第二个 branding，即推广品牌；第三个 branding，即经营品牌。它们是整个品牌营销战略的三个阶段的工作。这就好比我们买房子时说的三个 location（位置），其实分别代表了地理位置、交通位置、人文环境位置是一样的意思。

工业品品牌对营销的投入取决于它的商业模式

这几年，似乎越来越多的 B2B 工业品公司都开始重视起“品牌营销”这件原来只是被消费品企业奉若至宝，但是却一直不能引起 B2B 公司兴趣的事。比如，阿里巴巴的 1688 平台从 2018 年下半年起的最新策略就是，在由 B2B 1.0 的信息平台升级到目前的 B2B 2.0 交易平台的基础上，向下一步 B2B 3.0 的工业品品牌营销平台转型。如此多的工业品企业开始热议品牌营销，不由得让人疑惑是不是在互联网时代下，品牌营销这件事真的变得如此重要了？是不是会重现 20 世纪 80 年代中国的大营销时代，只是这一次战场从央视移到了互联网上。其实，今天 B2B 工业品企业在品牌营销这件事上的投入，只能说是弥补了这么多年它们完全忽略这项工作而造成的缺失而已。这和互联网的兴起多少有点关系，不过即使没有互联网的出现，工业品企业也迟早会经历这个过程。

首先，我们先解读一下什么叫做“互联网精神”？有人说是平等分享，也有人说是离散去中心化。其实互联网精神，就是在互联网时代下，企业对客户、对个体的无比尊重。这当然和互联网时代人人都有可能成为意见领袖有关，但也和互联网技术使得品牌方和消费者建立了更多、更直接、更平等的关联有关。正是互联网时代的到来，众多互联网企业的涌现才造就了这种企业对于客户体验和反馈无比重视的大环境。

工业品企业提升品牌是为了更好地“尊重”客户

那么，工业品企业如何才能迎合这种对客户体验重视的大潮流呢？到底怎样才算是尊重客户，以客户为中心来制定策略呢？答案其实很简单。在提升产品和服务，给客户创造更大价值的同时，却不需要客户额外付出更高的成本。这件事听上去似乎完全不合逻辑。产品和服务提升了，企业的成本上涨了，却不向客户收取更高的价格。事实上，这在互联网出现后较为普遍。

当然，与“加量不加价”等同的是“减价不减量”。比如，在原来还没有淘宝的时候，小朋友的衣物、鞋、帽子常常比成年人的都贵，且没什么选择余地。现在淘宝上的童装品种丰富，还提供退换货服务，价格却比原来便宜不少。很多进口汽车不断地迭代，价格却未涨，甚至优惠力度更大。这些都是随着客户被更加重视后，边际成本发生了变化，市场的竞争也发生了变化，最后市场的供求关系也慢慢发生了变化造成的结果。而 B2B 工业品行业可能更容易出现这种现象。一项新产品上市后，不管它的定价是比替代产品高还是低，加上渠道折扣后的实际销售价格一般都是连年下降的，只是下降幅度有差异。有的产品虽然没有换代，但是在做了一些改进和性能提升后，其价格也没有随之上升。所以，如果要维持客户体验，尤其是长期客户，让他们能继续忠诚于你的品牌，就得在不提高客户成本的前提下不断地提升自己产品和服务。

在电商业务中，“减价不减量”相对容易实现，也是常见的促销手段。可是,要是产品的价格已经降无可降,比如,再降价就会影响品牌的美誉度和产品的合理成本设计,又该怎么办?那我们就只能选择另一种“加量不加价”的方式,即在客户付出成本一定的情况下提供更多产品和服务。一般来说,在价格一定的情况下,直接增加客户最终获得的产品数量,如“买满 5 个加送 1 个”等方式,很难避免变相降价的嫌疑。但是,如果不增加产品的数量,而是提供更多的服务却有可能不会引起这种怀疑。比如,很多高级家具店虽然产品价格比较贵,但提供上门安装、微订制、免费调修等服务。再如虽然顺丰相比其他一些快递公司的价格略贵,但它可以提供更全面、更有保障的服务。那么,工业品行业又怎能在不加价的前提下为客户提供哪些额外的服务来提升客户体验呢?一般来说,B2B 工业品行业内许多著名的外资品牌的定价都较高。这些产品口碑较好的企业往往为了维持市场终端价格和客户预算,都推出了许多增值服务,如延长质量保障时间,提供 24 小时技术热线和免费的行业资讯服务等,以此减轻客户不断提出降价要求的压力。不过,如果能提供的服务各家企业都互相学习参照,也都提供了,在不降价的情况下,还能做什么?于是,品牌营销战略才会作为提升客户体验的一项策略又被提了出来。

正确理解品牌对于工业品企业的价值

品牌有价值,我们都认可。但是,品牌的价值并不应该被过度放大。由于商业模式的不同,工业品企业曾经很不重视品牌和品牌营销,这是一种误区。然而,在互联网出现后,一些工业品企业夸大品牌的价值和作用也是一种误区。我们不妨从以下三个方面来解读品牌对于工业品企业的合理价值。

首先,一个辨识度高的品牌可以降低客户的选择成本,让客户能够更快对产品的质量和大致的价格做出大体的判断,省去了大量调研比较的时间。这些其实都是品牌营销对客户长期教育的结果。很多人认为,这一特点只存在于消费品行业里。其实,在工业品行业里,很多情况下也是如此。好的品牌既能在一定程度上为产品的性能和质量背书,也能在一定程度上透露其大致的价格区间。这对于采购和设计人员来说，能够节省大量的时间和精力。尤其是当一个知名品牌推出一种它原来并没有生产过的新产品时，那么品牌原有的美誉度就能帮助这个新产品在短时间内被采购人员所接受。要知道，其实 B2B 工业品行业里的厂商数量一点都不比 B2C 一般消费品的少，而且大多数工业品厂商还是秉持“酒香不怕巷子深”的观念，结果是客户有时候记住了产品的型号，却记不住产品的品牌。这也是我为什么说现在的 B2B 工业品企业重视品牌营销真的只是在引补之前做得太少而欠的“功课”而已。

不妨举一个我工作中碰到的例子来说明品牌对于降低客户选择成本的价值。我偶尔会和一些朋友介绍我们公司的业务，但是我们公司生产的大多数产品都很难直接和他们的生活产生交集。除了其中一个可以用在私人汽车上的玻璃隔热窗膜产品。每次我说到这个产品，朋友就会打断我：“哦，我知道，是不是 3M 也有？它们的质量是不是要比你们公司的要好点？”在这里，我不刻意评论竞争对手的产品。我所在的圣戈班公司生产的这款量子膜产品一直是业界公认的不亚于一线品牌品质的产品，但是由于我们公司的名气并没有 3M 公司那么大，所以大家就会想当然地觉得 3M 产品的质量和性能更好。这就是品牌认知帮助客户在一个他不熟悉的行业和品类中迅速建立起的产品质量认知。好的品牌可以帮助企业更轻松地拓宽自己的业务范围，并且很快在新的产品线上获取客户的信任。当然，这种信任的维系要依靠企业始终如一的产品表现。如果你的新产品或新业务跟原来已深入人心的老业务、老产品相比差了好几个档次，那么客户也会慢慢抛弃你，而选择其他产品更好或性价比更高的品牌。

再举一个例子来说明下一个用户熟悉的品牌对于工业品市场的决策者起到的作用。比如，我原来所在的低压电气行业，一般项目都需要 3 家以上元器件厂商来投标。在这个行业里，市场份额最高的两个外资品牌是 ABB 和施耐德。由于它们的市场份额高，用户较熟悉，品牌美誉度也高，所以一般技术评定环节都是免审通过。很多标书甚至会直接写上 ABB 和施耐德产品不需要专家做技术评审。不过，除了 ABB 和施耐德之外，西门子也能常常享受到这个待遇，作为无须专家评定技术的品牌免审通过。在中国低压电气领域，其实西门子的市场份额是很小的，很多原因使得它们错过了不少布局发展的机会。它们的产品更新换代的速度也比 ABB 和施耐德要慢得多，很多产品的技术参数可能只是和国内普通厂商的产品持平。但是，由于西门子这个品牌家喻户晓，客户自然而然就会把西门子在其他市场领域取得的成就划转到低压电气行业来。当然，也如同我们前文所说的，一个品牌的产品表现还是需要跟得上品牌带给客户的期望值，如果两者差距过大，就会立刻降低品牌在用户心中的价值。

其次，对于工业品来说，品牌和产品会相互促进。好的产品可以带来品牌的增值，而好的品牌也能激发企业内部对于产品品质的重视。不过，品牌和产品必须始终在一个平衡对等的情况下才能相互促进，反之就会互相拖累并最终导致商誉危机。早些年，有许多靠着营销发家致富的人坚持认为：没有不好的产品只有不对的营销。他们靠着“一招鲜”打天下，最后却又因为产品的短板暴露，后劲不足而难以为继。反过来，那些认为自己产品好，有市场需求，却没有做好市场工作，把品牌建立起来的企业也很难做好。比如，日本有很多知名企业其实是靠它们的供应商来不断提升自身技术水平的。像索尼这样的大企业，虽然养活了一大批供应商，但是这些供应商本身也是技术卓越、能力出众的。他们中不少人所在的小微企业在某项技术或产品上甚至是世界一流的。可是，这些供应商往往都不太重视自身品牌的打造和营销。所以，当索尼出现停滞甚至倒退的时候，这些企业就会面临巨大的危机。大多数在中国发展业务的优秀的 B2B 工业品企业，不管是外资还是本地企业，只要能在行业市场上取得一定的市场份额，都可能有一技之长。它们也许很容易能拿出几个“世界第一”来，但是它们的品牌却常常“低调”到换一个行业就完全无人知晓的地步。

最后，品牌不只是一项配合产品定位和销售的工具，更是企业的一项重要资产。可口可乐的总裁曾经自豪地宣称：哪怕可口可乐全世界的工厂一夜之间被大火烧毁，公司也能凭着“可口可乐”的金字招牌重建起来。在 B2B 工业品企业中，下游企业其实也愿意和更大、更强的企业合作，并因此让自身变得更好、更强。品牌作为一项“无形资产”，能让人更加仰慕它所代表的企业。哪怕有时候一个著名外资品牌在中国的实际市场份额、生产规模、销售的覆盖范围还是刚刚起步，并且远远落后于许多本土的企业，但也不会妨碍它能得到当地市场客户的重视。这些客户能够忽视这家企业实际的经营规模也许还不如一家已经在当地经营了几十年的民营企业，靠的就是品牌在用户心智上起的作用。

所以，品牌营销战略对今天的 B2B 工业品企业来说并不是为了盲目迎合数字化营销的出现而去做的事，而是一项切切实实为了弥补原来没有做好，弥补自身品牌价值和产品实际性能不平衡的需求。B2B 工业品企业在重新认知客户体验的价值后，为保持其市场地位并继续获得增长，需要提升品牌的价值来更好地支持销售工作和产品定价。所以，B2B 工业品行业的营销人不能再回避品牌营销这项之前不被企业重视的工作了。

既然我们谈到了品牌和品牌营销对于 B2B 工业品企业的价值，品牌营销策略也势在必行，那么我们该怎么提升工业品品牌呢？工业品企业是否能像消费品企业一样去做那些不和具体产品挂钩的纯粹品牌推广活动，以建立一个独立的品牌“人格”呢？

消费品品牌相比工业品品牌对产品依赖度更低

首先，我认为很多消费品品牌是可以脱离产品而存在的。这些品牌已经能够不依赖于产品作为载体就能被消费者所喜欢和认同。很多品牌会在原来比较成功的产品线之外推出各种千奇百怪的新产品。那些千奇百怪的新产品在没有行业口碑的情况也依然有可能获得大量消费者的支持。而 B2B 工业品的品牌无论多知名都不能脱离产品的性能、质量、价格、使用体验等因素而独立存在。这就是消费品行业和工业品行业营销人员应当选择不同的品牌营销策略的主要原因。

怎么去理解品牌独立于产品而存在呢？比如，你试想着自己拿着一个爱马仕的购物纸袋走在大街上，纸袋里装的是一些小杂物。虽然你手上的这个纸袋连爱马仕的产品都算不上，但是你拿着它却能产生出一种自信、笃定、愉悦的感觉。反过来，要是你拿的是一个蛇皮袋，可能你连走路的步伐都会变得沉重起来。这就是品牌独立于产品之外对消费者心智产生影响的表现。

如果把一般消费品换成工业品，我们的采购人员会不会今天一下班到家第一件事就对着自己的爱人说："亲爱的，我今天采购了一台国外进口的设备，是大品牌哦！他们还会寄给我几个带着他们 Logo 的购物袋，我高兴到已经无法用言语来表达，不如我们晚上庆祝一下？"我想，如果这个采购员的爱人听到这段话，很可能觉得他不太正常。B2B 工业品的品牌本身是无法独立于产品而占领消费者心智的。它最多只是一个便于客户记忆和关联某个他已经认可了的优秀产品的标记。只是，有时候这个标记可以反过来背书一些他还不那么熟悉的产品而已。换句话说，B2B 工业品的品牌和产品如同命运共同体，品牌的传播需要依靠产品的质量，产品的推广又借助了品牌的背书。不过，一旦这个品牌的任何一个产品出现了问题，那么这个品牌对其他产品的背书能力也会立刻下降。

同一品牌对企业和个人的采购行为产生的作用完全不同

我们再来看一个例子来了解品牌对于 B2B 客户的作用。我曾经在很多场合上都做过一个测试，即在现场问在座的人："如果我让大家现在立刻说出一个轮胎的品牌，大家会想到哪个品牌？"综合所有现场的反馈，九成以上的人都会率先提到米其林这个品牌。熟悉品牌调研的人都知道，这种无提示的、自发地对某个品牌的联想是对某个品牌认知度的最高表现。

那么，一个具备如此高知名度的品牌，其产品在 B2B 市场的表现又是如何呢？我了解到一个大致的数据：在商用卡客车轮胎市场，这些所谓的外资高端产品在中国总共只占据了 4%左右的市场份额，而米其林在国内市场只有 1%左右的份额。大约 96%的中国商用卡客车轮胎市场份额基本上都是被国内各种各样的，你可能压根都没听说过的大小品牌厂商给占据的。而这个市场格局形成的原因就是价格战，或者更准确地说是客户对性价比的考量。一些私家车车主用一个轮胎，哪怕大多数人只用了轮胎实际寿命的一半不到就更换，他们会为了追求商家所说的那 10%的性能差异而愿意多花 30%甚至 50%的价格。如果是一个响当当的进口百年品牌和一个没怎么听说过的国内厂商，或许我们个人能够承受1倍左右的价格差。与之形成反差的是，在一个轮胎基本上都用到彻底磨平了甚至翻新之后再用的商用卡客车市场，对性能细微提升和品牌背书的追求却受到了价格的严重制约。卡客车用户在选择轮胎时，只要基本性能得到满足了，往往考虑的第一个因素就是价格。在工业品行业，大多数情况下，只要是一家正规企业生产的合格产品，基本性能都是可以被接受的，而一些更高的性能指标往往也只是为了满足少数特定的使用场景，并不是通用市场的标准需求。更何况，很多知名B2B工业品厂商生产的产品性能未必更高。品牌这件事在B2B市场只是在客户对一项新技术或新产品缺乏足够了解的时候才会相对起到一定的作用。比如说，如果现在要生产一种平均时速超过150公里的高速载重大卡车，可能第一代原厂轮胎会优先考虑米其林作为供应商来提供此类型的产品。但如果技术比较成熟了，能提供这样产品的企业多了，品牌的作用就不大了。

好的品牌在B2B工业品业务上最多只能起到一个降低认知成本的“敲门砖”作用。而最终这些好品牌创造出来的“值得让客户进一步深入了解”的机会能否转化为销售订单，就不是品牌能够左右的了。这一点可能是B2B工业品和B2C消费品品牌在效用上的一个较大差异。品牌在工业品企业客户认知产品和业务时能够起到较好的作用，尤其是在客户不熟悉的领域，或者是品牌方新进入的市场。但是在最后的采购决策上，它的作用就大打折扣。品牌在消费品企业的作用贯穿在整个消费决策中，保持着相对稳定的影响力。

B2B的品牌营销能否参照B2C的模式？

基于工业品品牌的这些意义和价值，我们是不是该像消费品行业一样投入成本去建设一个哪怕只能暂时在行业内“知名”的品牌呢？我们可以从两个方面去看这个问题。

一方面，当下正在进行的传统行业数字化转型的根本驱动力是企业自我增长和可持续发展的需求，而转型的方向是从以产品技术为核心的经营策略转向以客户和市场为核心的策略。因为数字化带来的连接能力、数据获取能力和分布式服务能力让我们能更好地实现以客户和市场为核心的商业模式，所以我们今天选择数字化这条变革的路线。既然品牌是消费者不论从个人视角还是从企业视角都会关注的一项内容，从这个角度来看，工业品营销人应该完善和提升自身的品牌建设能力，以实现消费者对一个好品牌的期待。

另一方面，由于数字化不但能帮助企业实现以客户为中心的经营策略，还能帮助企业大大提升在业务链上的效率，并可能发现新的业务模式。为了使企业在涉足新业务的前期获得快速发展的能力，我们需要建立一个具有号召力的品牌。在做法上，我们不能完全借鉴一般消费品企业把绝大部分营销预算都投入到品牌营销上的做法；在结果上，我们也不能期望工业品品牌能脱离产品对客户的心智产生直接作用。

作为一个 B2B 工业品行业的市场营销人员，我们又该怎么做，才能在有限的预算投入下进行品牌建设和品牌营销呢？我的经验是，如果我们的业务中既有与普通消费者相关的产品和业务（包含了通过企业/渠道卖到个人消费者手上的 B2b2C 业务），又有只对企业进行销售的纯 B2B 业务，那就应该遵循二八法则。我所说的二八法则是把 20%的钱投入在纯 B2B 的品牌营销活动中，而且侧重于和产品相关的推广；把 80%的钱投在 B2C 的业务营销活动中，并且更加注重与消费者心智占领相关的品牌营销活动。前面我们也提到过，就像 3M 公司和西门子公司一样，企业在 B2C 业务上获得的口碑和知名度，完全是可以延续到 B2B 业务上，帮助客户来认知企业在这一业务领域的表现。鉴于此，在 B2C 业务的营销活动中注重品牌对个人消费者心智的作用也完全符合 B2C 和 B2B 业务两者共同的利益。而品牌在纯 B2B 业务中作用的发挥离不开产品的支持，因此在纯 B2B 业务的营销活动中，把剩下的预算都用在产品及与产品直接关联的服务的宣传上就是为品牌营销做了最好的配合。

B2B 业务品牌营销策略的三个基本要点

如果企业没有 B2C 或 B2b2C 的业务，而只有纯 B2B 的业务，那该不该做品牌营销呢？我们可以这么来看这个问题。首先，品牌对B2B客户在营销的认知阶段还是能起到很大作用的，只是在销售转化上的作用不大。那么，我们一样是在做营销工作，如果能够建立一个好的品牌，应该是事半功倍的。其次，如上一章所述，好的品牌对提高企业员工和客户的忠诚度也有一定作用。这既是一些员工能在一个大品牌旗下接受一份薪资略低的工作而不愿跳槽去一些其他不知名的小企业的原因，也是客户在建立长期合作关系时，在合作条件相近的情况下，倾向于选择一些大品牌、大企业的原因。所以，品牌对只有纯B2B业务的企业也还是有价值的。对于只有纯B2B业务的企业，它们又该如何建设好自身的品牌呢？我认为需要做好以下三点。

首先，这类企业要做好“精准”的品牌定位。品牌在纯B2B业务中的主要作用是帮助新客户更容易认知品牌方所要提供的产品和服务。那么品牌方产品和服务到底适合哪类客户呢？市场定位到底是高端、超高端，还是中高端？价格是高还是低，抑或中等？技术到底是领先还是符合大众需求即可？这些问题我们都要结合目标市场情况先定义好，再去做品牌策略和传播。我们很多B2B企业的品牌策略是“没有策略”，或者是延续品牌在其他国家的策略。要知道，市场不同，竞争格局不同，品牌定位可能完全不同。

其次，企业要建立品牌传播的一致性。其实品牌传播和展现的形式远远不是一个Logo这么简单。小到一本产品册、一篇新闻稿的措辞，大到一场产品发布会的格调，一次展会的布局，甚至是一个产品外观的设计、颜色的搭配，都是传播“品牌”的载体。而我们B2B工业品营销人往往更关注新的展现渠道和机会，却不在意展现的内容及其质量，最后可能对品牌造成负面影响。比如，我们现在很多B2B工业品企业做微信公众号内容推广时，经常内容的配图就让实习生去找，他们也是随便在百度上搜一搜，然后往公众号上一放，也不管版权问题；文案内容也没有经过反复打磨，要么写得晦涩难懂，要么单调乏味。我听过一次关于品牌营销的演讲，演讲者引用了星巴克前品牌总监的一句话：你所做的一切都代表了你的品牌。其实，客户就是这么一点一滴地认知你的品牌的。从一本产品册、一个海报、一张网页图片开始勾勒你的品牌画像。如果品牌通过不同的载体表现出不一致的讯息，那么客户接受这个品牌的效果就会大打折扣。这也是很多企业强调VI标准的原因。另外一个有趣的现象是,有调研发现外企的市场部员工对自己品牌的喜爱程度普遍低于民企,这可能是员工归属感和参与感的缺失造成的。如果员工都不热爱自己企业的品牌,又怎么要求客户去接受并热爱它呢?还是回到那句话"你所做的一切都代表了你的品牌",客户是完全能够通过品牌方任何一个不经意的表现嗅出品牌要传递的讯息的。

最后,品牌的营销人员要先了解业务。既然我们说了 B2B 工业品的品牌无法脱离产品和业务。我们也了解了 B2B 工业品业务对客户体验的提升不是来自帮助客户实现更高层次的个人需求,而是为客户减少工作中的麻烦。那么,作为品牌营销者的你就应该先彻底了解一下品牌旗下的所有业务。只有当你很清楚地了解了这些业务和产品后,你才能抓住客户痛点,从而解决客户面临的这些痛点,以建立客户对品牌的好感。往往了解了业务后,你才能提炼出那些接地气的产品优势,这些优势会成为品牌最好的代名词,比如免维护,比如极简操作,等等。客户痛点的获得应该从客户倾听和沟通开始,而不是从翻译过来的样本和演示文稿中获取。

工业品的品牌建设是一项长期的工作,也是一项投入很难在短期内见效的工作。所以,我们更应该在开始做之前想清楚策略和目标,这样才能长期执行下去。没有哪一种 B2B 业务品牌策略更优于其他那些策略,只是看其是否适合这个企业自身的情况,并且能被长期执行下去。

14 鎏金：B2B 工业品企业如何理解并跟上数字化营销的内容化趋势

自从数字化营销工作越来越多地转向社交媒体平台后，所有的营销人就都开始喜欢聊“内容”这两个字。什么是“内容”？在我们谈“内容”之前，先来区分下“内容”和“信息”这两个概念。我们把需要传递给客户和市场的具有商业价值的讯息称为“信息”。而我们现在经常谈到的“内容”，其实就是这段“信息”的载体。如果说过去的“信息”是通过广告作为载体来传播的，那么今天，广告中传递信息的部分被更加精确地用内容单独定义出来了。

内容并非信息，要具备传播性

“内容”可以是多种多样的，文字、图片、声音甚至视频等都可以作为内容的展现形式。最开始有“内容”这个说法应该是在互联网软文逐渐崭露头角时。这类营销形式可以通过病毒式传播的方式在目标人群中迅速扩散，进入门槛低，投资小，形式和规模都很灵活，却有可能取得意想不到的效果，从而慢慢取代了“硬广+大众媒体”的传统营销方式的霸主地位，成为广告主追捧的“新贵”。从此以后，“内容营销”和“内容”就变成了广告营销界的热词被大家挂在嘴边。

咪蒙工作室应该是国内比较早专注于做内容和内容营销的团队。在开始投身这个行业时，没有人知道他们会有一个怎样的未来。当然，结果现在大家都知道。从她的第一篇“爆文”《我是如何成功地把一家公司开垮的》开始，到 2018 年，她的公众号已经有 500 多万粉丝，阅读量最高的一篇文章超过 1 400 万次，单篇文章的植入广告费高达 75 万元人民币。后来，她的公众号因为种种原因于 2019 年初被关闭了。

不过，在营销界，真正标志着内容营销开始的却是 2013 年“超级碗”停电事件。奥利奥靠着在社交媒体上一句一语双关的调侃引来了一众品牌“排好队形”式的跟随，使得本来由于停电无法继续观看“超级碗”直播的观众们突然找到了“围观热点”。事实证明，不只是中国观众爱“吃瓜”，外国的观众们也喜欢这种老少咸宜的“水果”。最后，那句花了 2 分钟键入并发送的“You can still DUNK in the dark”在当晚实际带来了超过 1 亿美元的广告价值。虽然奥利奥的这句话看上去很简单，但是这条文案用词精妙，发送的时间也恰到好处。这就是内容营销以小博大的经典案例，也是大家开始研究和应用这种新营销模式的起点。

我们为什么要花大力气来做“内容”呢？简单地说，我们目前所处的移动互联网时代是一个前所未有的信息大爆炸时代。如果互联网初期是为了打破信息壁垒，简化信息获取的流程，降低信息传递的成本，那么当下无处不在的信息传递已经让我们不得不花费比原来更多的时间和精力来筛选真正有价值的信息。当“信息”本身的价值不能令人兴奋的时候，我们就要制造人们在获取信息过程中的兴奋点，让人更愿意接受和传播这些信息。于是，市场有了制作令人感兴趣的“内容”的需求。

随着“内容”越来越被重视，IP（intellectual property，知识产权）也慢慢被重视起来。比如，十年前有很多在起点文学网写网络小说的作家，真的是凭着满腔热血在做这件事，可能写几十万字还换不来一个月的饭钱。但是，随着“内容”价值的提升，IP 也变得越来越值钱。因为读者都习惯了付费阅读，写连载小说可以带来稳定的收入，偶尔出本实体书，或被改编成电视剧和电影还能给作者带来一笔可观的收入。

当然，最早的“内容”多是以文字配上图片的形式出现的，无论长短，哪怕短至只有几个字的口号，也算是内容。随着移动互联网通信能力的增强，图片和视频作为更具传播性和观赏性的内容形式被大量使用起来。在经典的图文形式后又出现了更加有趣的长图文形式，并在 2016 年迅速走红，还衍生出了一镜到底的设计风格。在随后的一年，备受追捧的小视频的时长从 1

分半左右慢慢缩减到2017年末迅速蹿红的“抖音”和“快手”等平台上传播的1分钟以内的短视频内容。内容的形式一直在改变，变得更加直接、简单，更具有娱乐性，也更符合碎片化浏览的需求。当然，内容的本质还是要传递信息的。由于工业品等传统行业的内容包含的信息比较复杂，制作精良的长图文和短视频的成本相对较高，所以文字配图片形式的“内容”还是占据了一席之地。

理解了什么是内容，以及内容的呈现形式，接下来我们要谈谈如何来做好内容。我以前看很多IT产品测评，经常有人用各类兵器来做一些类比，并且多数首选剑。毕竟，剑乃是兵器之首。无论是大巧不工的玄铁重剑，削铁如泥的倚天利剑，还是古朴宁静的青冥宝剑，君临天下的轩辕神剑，都似乎天然藏着一段令人无限遐想的故事。我今天既然要讲“文案”，当然也要做点创新，今天我们不用“剑”来类比，而是用“刀”这种流传最广、铸造更为容易的兵器来类比说明文案创作的五个要点。

内容生产五柄绝世好刀之五：“庖丁解牛刀”，建立内容池

据传庖丁解牛刀在古代十大名刀中排名第十位。史书记载，这把刀其实是用最普通的铁刃和最常见的木柄制作而成。由于庖丁技术高超，即便用其解牛也是“游刃有余”，且经久不坏。

建立内容池其实是企业做公众号最基础、最容易提升效率，但又最容易忽视的一项工作。“书到用时方恨少”，话题和灵感要靠写文案的人日常不断地收集和积累。这个过程就好像庖丁解牛一样，既要有技巧，也要有足够的耐心和专注力。一般来说，建立内容池的主要工作有三项。第一，要有专门的内容池共享平台，便于大家可以随时往里增加内容。现在很多CMS（content management system，内容管理系统）平台都带有这项功能。如果没有CMS这个平台，比较经济可行的办法就是用共享盘或网盘建一个文档并设定编辑权限即可。第二，要有内容池的头脑风暴会议，可以定期召开一次，每次邀请不同职能部门的人参加。会议主要是要集思广益，搜集各种可能和企业业务线、产品相关的话题和内容策划思路，并汇总到内容池里。第

三,就是要建立话题内容的分级评定和筛选机制,每次制定文案选题计划时,对池子里的内容从不同的维度给出评分,再根据评分高低来决定是否排上档期,并且分配相应的制作和传播上的资源投入。评分的维度可以包含时效性、实用性、相关性以及传播性等方面。

内容生产五柄绝世好刀之四:“屠龙刀”,用户视角

屠龙刀是金庸小说《倚天屠龙记》中的第一宝刀,为剑魔独孤求败所用的玄铁重剑的一部分所制造,因称“武林至尊,宝刀屠龙”而被武林人士视为至宝,引得各个门派纷纷争夺。屠龙刀有百余斤重,锋利无比,无坚不摧,强力磁性能吸天下暗器。屠龙刀的打开方式比较简单粗暴,举起宝刀,一刀下去无往而不利。用好这把刀最重要的一点就是要牢牢把握锁定对方的契机,做到敌不动我不动,敌想动我先动。其实很多公众号上好的“内容”形式是源于与粉丝的互动,从粉丝的反馈中获得灵感,再把它们分享给其他粉丝。比如,星巴克曾经在北美推出的独角兽星冰乐,其实就是利用社交平台和粉丝互动时,粉丝提出的一个产品诉求。在产品推出后,星巴克再利用社群把这件事一点点传播出去,形成一个完整的品牌方“挑逗”粉丝,粉丝回应品牌方,品牌方再给粉丝一个大大的惊喜的互动式内容生产形式。

很多内容运营者都只考虑自己想要传递的信息是什么,而不太考虑用户的想法。我们在写文案时是否考虑过用户到底对什么信息感兴趣,用户喜欢的内容形式有哪些,用户下了班后是否还有耐心读完对枯燥冗长的技术帖,用户是否需要这则生硬的广告,等等。用户视角是我们在生产内容前进行自我定位的最佳视角。我给自己公司微信服务号的定位就是:向读者提供在圣戈班全球业务范围内他们感兴趣的信息。因此,我们提供的信息既不限定在国内分公司的产品和服务范围内,也不考虑企业从内容的传播上能否马上获得回报,而是优先考虑客户的兴趣。因为视角的不同,哪怕讨论相似的话题和内容,但最终呈现的感染力和传播力也会完全不同。

内容生产五柄绝世好刀之三：“小李飞刀”，单对单

江湖对“小李飞刀”的评价是：小李神刀，冠绝天下，出手一刀，例不虚发！意思是李寻欢的飞刀从不轻易出手，但只要一发射每发必能命中目标。一般我们在做内容之前总是希望所有人能够一起拍手叫好，但每次抱着这个想法时就不知道怎么下笔了。最后，写出来的文章不是那么如意。

其实，写文章可以想象成是跟人说话，好的内容读上去也应该像是听作者娓娓道来的感觉。演讲时有一个技巧就是，每次演讲的时候把下面的观众想象成一个人，或者就对着观众里某一个合你眼缘的观众，而不是把注意力分散到所有人身上。如果你试图照顾到全场，那么你一定会感到非常疲惫，且反馈很杂乱，影响你的整个演讲思路和情绪。但是如果你只是对某一个人讲，那你就能越来越投入到自己和他/她的这段“对话”中，从而让这种代入的情绪感染到其他在座的观众。所谓态度鲜明，观点明确，还有接地气，其实都是指把内容生产当作一段“一对一”的对话来做。所以，“单挑”才是做内容的王道。

小李飞刀的不同寻常之处还在于一个“小”字。把一件泛泛的事落地到一个个微小的细节才能以“小”博“大”，直击要害。无论对手武功再高，只要你能切准他/她的一个小小弱点，也能瞬间克敌制胜。阿里巴巴就是一家非常懂得用一件小事来展现一个大的主题的公司。它们的许多文案都是从小细节入手来触动读者的内心，难怪马云会说：“We believe small act leads to greatness.”（我们相信，小举动可以做出大改变）另一个社媒运营高手星巴克公司也是这么做的，它们在翻译情人节海报上“I love you”这句几乎人人都懂的英文时，并不是直译为“我爱你”，而是翻译成“遇见你，好幸运”。一句“遇见你”，立刻像一张老照片一样描绘出咖啡馆那天人来人往的场景；一句“好幸运”，又把爱情变得如此具体生动。这就是“以小见大”的力量。

有的时候考虑到文章过长，作者可能要时不时要“挑逗”一下读者，以使其保持好奇心，这时也可以采用前文提到的“一对一”的方法。“挑逗”的方法很多，不过带点能引人遐想的“包袱”一般比较有效。当然，度要把握好，

不要陷入低俗。

内容生产五柄绝世好刀之二:“毒匕寒月刃”,图穷匕见

寒月刃是战国时期徐夫人所铸造的名刀,相传是用天外陨铁打造。这把刀最出名的地方并非是它出自一个原来从未铸过刀的文人女眷之手,而是它是荆轲用来刺杀秦王的那把刀。当年荆轲去刺杀秦王,用的就是这毒匕寒月刃。好的内容创作不但要像是“一对一”的对话,还要有故事性,能够引人入胜,层层递进,让读者不知不觉就读完了全文,也接收到了你想传达的信息。层层递进的写作手法一般是在文章一开头先提出一个“什么是×××?”的问题。比如,“什么是内容营销?”显而易见,在了解了问题后,读者自然会顺着“为什么要做内容营销?”这样的问题看下去,这时候如果再谈“如何去做内容营销?”,就比较容易让读者继续往下翻页。通常,在谈如何做好内容营销时候一定又会带出一个关键词,比如“内容”,那么什么是“内容”?为什么要用“内容”?如何生产“内容”?诸如此类,又一个三段式递进。这就是经典的What(什么)、Why(为什么)、How(怎么)三段式内容模板,简称WWH三段式。

有时候WWH三段式的顺序也可以依据作者的叙述习惯做调整,变成WHW或者HWW。图穷匕见法也不仅仅局限于用WWH三段式这一种叙述方式。有些内容从标题开始就用一个比较戏剧化的故事引人入胜。这种故事看上去都很真实,还会让人越读就对结果越感兴趣。最后故事结束了,广告也出现了。这种方法也有一定的风险,搞不好会让读者看到最后就一走了之。所以,广告出现的地方一定要很慎重。

内容生产五柄绝世好刀之首:“青龙偃月刀”,单刀直入

大家都知道“青龙偃月刀”的主人乃是顶天立地、义薄云天的关公。关公过五关斩六将靠的是一人一马一刀一身正气。市场营销讲究的是守正出奇。我们现在制作内容时越来越喜欢剑走偏锋,明明不是段子手,非要说一

堆不着边际的冷笑话。一时间博眼球、追热点成了我们内容创作唯一的重心。而客户要什么？我们有什么？似乎没人在乎。很多做内容的人喜欢来一大段不相关的铺垫,还没有什么逻辑和故事性。其实,有时候铺垫越多,反而显得越不自信。你到底要跟你的粉丝聊点什么？你希望他们最后是要读完推文,还是要转发或收藏,抑或是下单买东西,这件事最好不要铺垫太久。否则,到了最后,恐怕连你自己都不知道你创作这段内容的目的是什么了。

所以,单刀直入就是指在创作内容的时候有一颗“果断的心”,找到一个正确的方向直截了当地切入。这一点和“图穷匕见”不矛盾。“图穷匕见”指的是内容要做到引人入胜,要激发读者的好奇心,让他们能继续读下去。单刀直入是要明确内容背后的目的,尽早进入正题,而不要对自己将要说的内容那么没信心,永远顾左右而言他地绕圈圈。

比如,你想跟人介绍一款雨伞,你希望从雷雨天的痛点开始说起,这并没有错。但是,如果你在谈雷雨天时非要谈到雷雨天的科学成因,或者全世界的雷雨天的不同点,或者雷雨天为什么多出现在夏天等这些不太相关的地方,估计读者很快就会丧失兴趣,然后放弃阅读。同样地,很多公众号写手喜欢用各种表情包和动图来装点开场白。一开始的时候,活跃一下气氛并没有错,但如果你让我拉两屏后看到的还是漫天的搞怪表情,每看一行字必须往下拉三行跳过动图,那我肯定没有耐心看到最后。把目的说清楚了,想看的人自然会看到最后,不想看的人,看到最后又能如何?

跟大家谈完兵器,我再准备几套武林秘传的“刀法”配合这五把绝世好刀帮大家在内容营销这件事上实现无往而不利。

工业品营销人要善用伏击营销

对刚开始接触数字化营销的工业品营销人来说,通过互联网做营销是一件既要知道大方向又要注重小细节的事。不知道大方向,很难做到合理地配置资源。毕竟,当下和互联网相关的资源已经相当昂贵了,一不小心很容易就掉进坑里爬不出来了,最后把好不容易有的那些预算花完了也不见效果。但是光知道大方向，在落地的过程中没有合适的方法和技巧，也会造成预期目标与现实结果差距过大。最后，也许会把自己原来的计划改得面目全非，成了一个妥协于各方利益、瞻前顾后而完全没有特色的营销策划案。

作为 B2B 工业品企业，内容营销也一样是一件既要知道大方向，做好内容生产，又要注重小细节，选择合适的落地计划的事。这里不只是要考虑内容本身能否引起目标客群的共鸣，还要考虑借助热点话题来达到“蹭热点”的目的，以及利用互联网媒体可视化、多媒体展现的优势夺人眼球。

上文提到的这两个内容营销技巧用营销学的理论概括起来，一个叫做伏击营销，一个叫做可视化传达。首先，什么是伏击营销呢？伏击营销（ambush marketing）原指非赞助企业开展与赞助对象相关联的营销活动，使消费者误认其为官方赞助商的一种“非法”分享官方赞助权益的商业行为，带有明显的寄生性。随着相关赞助权益保护的严格化，非赞助商的营销手法也趋向多样化，伏击营销的概念也逐渐被泛化，即在特定赞助活动举行期间及前后，利用与该活动相关的主题而举行的合法营销手法也被涵盖在内。2018 年引起网络热议的一个伏击营销事件是雅加达亚运会期间，代表国家队出席的孙杨本该穿上泳队签约赞助商安踏品牌的领奖服，但他却穿上 361°的衣服，这成了一起著名的“伏击营销”事件。

当天，孙扬的领奖服和同是国家队的队友们的领奖服形成了鲜明的反差。显然，361°并不是这届亚运会中国游泳队的赞助商，本应没有资格来做品牌露出，却借着孙杨走了个“后门”。反观安踏多年来花了好几亿的赞助费，原以为等到一次品牌露出的好机会，不料却被别人摘了果实。这种“苦果”确实也是一般人难以承受的。这种不顾官方指定赞助商的利益而为其他品牌站台的事在体育界是时有发生的。当年，乔丹也是顶着耐克方面的巨大压力为自己的品牌宣传。只是一般情况下大家可能做得更隐晦一点，至少顾及各方的面子。这类伏击营销的案例其实比大家想的要更常见。比如，一些非参展企业在展会门口派发自家的广告宣传页；一些商家在知名餐厅门口派送印有自己新店信息的纸巾，感觉是沾亲带故的姐妹店；甚至有很多明星明明自己没有影片入选，却自掏腰包去走国外电影节的红毯等都属于伏击营销的案例。

实际上，互联网上使用伏击营销的场合就更多了。比如，近些年越来越火爆的“双 11”，整个淘宝上千万家店铺中，只有不到几万个商家是真的享受到了“双 11”的流量和打标的。当然，这些商家或者是作为重点商家，或者是作为优秀行业品牌，都或多或少领了一些“任务指标”，要完成业绩，不然也拿不到这张入场券。当然，很多不在这些重点商家之列的商家，或者是没有被官方选中打标的店铺和产品就只能通过“自己给自己打标”的方式来提前支取一些“双 11”的流量了。因为这些没有被“打标”的商家想要在“双 11”当天再通过站内搜索获得流量是基本不可能的，只能是在“正规军”预售的时候打出“与‘双 11’当天同等促销力度”提早开始促销来赢取一些购买订单。

此外，伏击营销这种营销方式在热点营销和事件营销上就更为常见了。比如，我们常说的“蹭热点、蹭话题”也是这种营销方式的一种体现。我们经常会加入各种高大上的官方组织，可能只是去听了一次课，就给自己贴上了活动的“重要组织者”角色，且写成推文或放进网站新闻里，也算是一种伏击营销。其实，线上和线下对于很多事件和话题的授权并没那么严格，甚至就算是被戳穿了，要求删帖，但互联网的力量也早把你的热度给推上去了，你再出来澄清，甚至又算是第二次蹭热点了。很多自媒体大号也都是一有什么热点事件就努力往里钻，等到被人说“跟你好像没关系”，或者“跟你说的好像是两回事吧”的时候，再出来澄清“这本来就是两回事啊，但是我们说的这件事也是很重要的事啊”。作为深谙互联网传播精髓的营销者们都知道有时候热点稍纵即逝，不管怎样，能蹭上一点，都比你煞费苦心自导自演一个话题却可能吃力不讨好要有效。

传播需要一点点“不一样”的东西

再来看看可视化传达。可视化其中一层意思就是看得到，视觉效果上比较凸显。比如，你的朋友买了一个新奇的东西想向你炫耀，如果他把东西放在不显眼的地方，或者用其他东西遮住，或者穿戴在身上但被衣服遮住了，并不显眼，那你就很难一眼看到他希望传达给你的意思。这里，我们要强调的是：让被传达的对象一眼就看得出来你要传达的信息。然而，并非所有视觉传达的感受一定就是美好的，令人愉悦的。我们首先要树立一个观念，就是营销人员，尤其是传统工业品品类的营销人员，还是应该以积极、主流的审美观来选择我们需要展示的内容。尽管有各种非主流的所谓的“新兴时尚”受到不少人追捧，但是大众的眼光还是以主流审美为基础的。不过，在视觉传达这件事上，有时候过于符合众人的眼光，往往也很难凸显出来。

比如，有个小伙子发明了一种老年鞋，具有保护膝盖、按摩、计步、寻人等功效，且价格也不贵，但就是生意惨淡。他百思不得其解。一天，有人问他，你的鞋看上去和普通鞋子有什么不同？他说：“看上去都一样啊，没什么差别。”于是，另有人就告诉他：“这样不行，得把鞋子做得看上去就很不一样。”为什么要看上去就不一样呢？试想老李儿子给他买了一双老年鞋，隔壁老王一看就问老李：“你这鞋看着怎么这么奇怪，是什么鞋子啊？”老李立刻就接上这句话：“这是我儿子给我买的老年鞋，有按摩、计步、寻人、护膝等功能。”老王又问：“那你这鞋多少钱，贵不贵？”“才 300 一双，不贵啊。”老李回复道。老王立马就说：“那我也得赶快让我闺女给我买一双。”你看，生意不就这么来了。所以，视觉传播要求的是“有点不一样”。

每天互联网上各种信息跟瀑布一样倾泻而来，哪怕今天红到刷屏的热点，明天起床后也一样可能烟消云散，被新一轮吸引眼球的信息抢了热度。所以，要么你能锁定一个“C 位”，让大家的眼神都聚焦在你这里，要么就得想点办法让大家一眼就看到你，扫过却不会略过，而且看了之后也不会说忘记就忘记。

伏击营销和视觉化传达只是两个很基本也很容易延伸的互联网营销小技巧。大家平时可以试着在营销策划案里用这两个技巧去调整落地执行时的方式方法，以更低的成本来获得更好的传播效果。

第二部分
修炼篇

一个成熟的工业品营销人要具备科学的方法论、丰富的行业经验、一定的技术和应用知识、跨部门的沟通能力、快速的学习能力、一定的谈判技巧和管理技巧等素养。但更为重要的是，工业品营销人需要具备能站在企业战略高度去思考的格局。

01 乙方视角：工业品营销人如何让自己成为一个合格的甲方

作为乙方,如何一眼看穿甲方有没有预算？其实,甲方没钱想办事还好说,最怕的是甲方让你义务劳动,你熬了几个通宵做的 PPT 只是为人作嫁衣。如果说有一件事是让做营销的乙方们又爱又恨的,那就是去外企甲方做提案比稿了。

为什么乙方特别害怕被拉去外企比稿？这不应该是做生意的机会吗？因为大多数乙方都知道,稍大一点的企业为了操作合规一般都需要邀请三家以上企业做“三方比稿”。而且,这件事还常常没得商量,不管你的理由听上去多充分。“三方比稿”就意味着有两方是白干,也就是俗称的陪标。而乙方来做比稿这件事的,往往都是公司里最优秀的人。从出方案到做演示都必须是拿得出手的资深专家才行。所以,提案比稿对乙方来说是单位人力成本投入比较高的一项工作,甚至往往由老板亲自担纲。

最贵的资源,用在最多只有 1/3 获胜概率的事情上,也难怪越来越多的乙方公开表示不再接受比稿邀请,或者要求先单独支付提案比稿的服务费用。当然,对于甲方来说,乙方这种抗议基本也就被认为是无理取闹,完全无效。

然而,最可怕的还不是比稿。而是很多甲方压根儿没预算,但是装出一副有钱人的样子来借比稿套方案、找思路,接受乙方的“科普教育”,这也是最让乙方难以接受的事。这些事原来多发生在那些“被宠坏了”的消费品品牌主身上。现在,越来越多的工业品甲方也开始效仿。作为乙方,要懂得保护好自己,对甲方的这种虚假提案邀请要能做到一眼识穿。

识别甲方招数一：看前台的广告屏

一般公司前台都会有一个广告屏，循环播放公司的宣传片。作为乙方，可能会经常被安排在那儿等待甲方的人出来接待。很多乙方的人都会在那时玩玩手机或者看看一会要讲的方案。事实上，如果你利用这段时间仔细留意下甲方前台播放的宣传片就可以发现很多关于甲方的信息。你可以通过以下几点来做一个基本评估：

(1) 根据广告屏的内容大致判断宣传片拍摄的大概时间，是三年内还是三年之前，三年内得 1 分，三年之前、五年之内不得分，五年之前扣 1 分。

(2) 轮播的宣传片数量，3 条以上的得 1 分，只有 1 条的扣 1 分。

(3) 企业宣传品配音，是中文的得 1 分，是英文的不扣分，是其他小语种的扣 1 分。

(4) 企业宣传片字幕，是中文字幕的得 1 分，仅英文或者中英文字幕的不扣分，没有字幕的扣 1 分。

(5) 宣传片内容，老板不发言的得 1 分，老板发言少于 30 秒的不扣分，老板发言超过 30 秒的扣 1 分。

由此，你可以得到一个总分，如果分数低于 2 分的，基本可以判定甲方如果不是刚刚把原来的市场总监换掉，那就是没预算或者很难拿预算出来的；如果是 3 分，还能继续努力沟通一下；如果高于 4 分，那可以卖力地把干货拿出来了。

识别甲方招数二：参观样品陈列室

通过辨别甲方样品陈列室里的装修风格，样品样本的色泽、新旧程度，选择的样品和展示方式，也可以大致判定甲方预算的宽裕度。

(1) 样品的陈列方式，物融于景，模拟现场使用场景搭建的陈列方式得 1 分，墙面喷绘背景加物品陈列的不扣分，随便摆几个样品和样本的扣 1 分。

(2) 样品和样本的情况，样品成色新、无积灰、无氧化，样本册整齐码放，且品种繁多的，既有讲产品的，又有讲行业的，还有关于方案的，等等，可以得1分；样品出现明显锈迹或者其他氧化痕迹或破损的，摆放不整齐的，或样品有积灰的，样本摆放错乱的、有明显缺损或数量不足的，品种单一的扣1分。

（3）陈列室凡是有灯坏的情况一律扣1分，用多光源、多角度营造氛围的，甚至应用了智能灯光系统的加1分。

（4）陈列室把样品和奖杯、奖状摆在一起的一律扣1分，能够单独设公司历史说明的空间（奖杯、奖状可以陈列在那里），且具备多媒体呈现效果的加1分。

（5）陈列室有专门的产品多媒体讲解播放的，不管是音频、视频还是模型，且能正常使用的，加1分。反之，陈列室播放和外面前台一样视频的，扣1分。

（6）陈列室内有专门讲解员的，或者有咖啡机和休息区域的（咖啡机至少是胶囊的），可以加1分；陈列室小于10平方米，空间局促的扣1分。

以上几项要是合计得分低于3分的，那很遗憾，你的提案报价可能要打对折才能谈下去；如果高于5分，那你可以试着把报价最前面的一个数字加上1。

识别甲方招数三：看甲方简报

我们把甲方给乙方就某个营销活动或项目的需求所做的简单描述和归纳称为简报（brief）。简报是甲方在跟乙方沟通营销项目时最常用的一种工具。

（1）用PPT做简报的加1分，简单口述或者有word文档做比较清晰的简报的不扣分，没有简报或者简报内容过于粗略的扣1分。

（2）简报会与会者少于2人且没有市场总监出席的，或者与会者超过5人，且有其他非相关部门的人参与的扣1分；与会者有采购且有市场总监出席的，加1分。

（3）简报会与会者在乙方PPT展示介绍案例的过程中全程不问“这个

案子你们大概花了多少钱"的或者每个案例都问的,扣 1 分;与会者在乙方整个 PPT 展示中认真记笔记,不时交头接耳的,扣 1 分;与会者在 PPT 展示结束后立刻索要演示文稿的扣 1 分;与会者要求针对某个行业补充案例,且要求更新到 PPT 里的扣 1 分;与会者在介绍期间不停看手机回邮件的扣 1 分。

(4) 甲方提需求时,往往也是一个快速过招、套招的机会。甲方不提具体想法和需求,只问乙方能做什么、做过什么的,扣 1 分;甲方大致清楚自己的想法,但是描述不准确的,不扣分;甲方比较清楚自己的需求,且能精准描述自己的期望值和参照对象的,加 1 分。

(5) 当乙方询问甲方预算时,甲方的初步回答也能大致了解一些情况,凡是说钱不是问题,只要东西做出来就好的都是没钱的,扣 1 分;说可以想办法去努力争取一下或者找老板汇报要预算的,不扣分;直接给你一个预算范围的,然后要求你细化报价和列出可考核指标的那基本就是比较靠谱的,可以加 1 分。

以上几项要是合计得分大于等于 2 分,那你可以期待这个项目的甲方是真的想做下去,而不是来套方案或者让你来免费给他们做内训的;如果得分是 0 甚至是负分,那你要警惕,甲方很可能就是来套方案,然后自己做报告用的。

识别甲方招数四: 留意会前、会后聊天的内容和其他细节

甲方如果在会前先请你专门去喝咖啡再跟你拉家常的,基本上要扣 1 分。反之,甲方如果在会议室内从头到尾都没问你们要喝什么的,那也扣 1 分。如果甲方问了你们喝什么,然后不纠结于你们自带了饮料,直接单刀直入正题的,不扣分。如果你在楼下问甲方联络人是否需要帮忙带杯咖啡给他和其他人且被接受的,那可以放心地加上 1 分。

甲方如果带电脑的,扣 1 分;带笔记本的,不扣分;什么都不带的,然后有个助理帮忙记内容的,加 1 分。

甲方开会前分发打印版资料的,加 1 分;开会现场甲方团队每个人都跟

你交换名片的,加 1 分。反之,如果甲方只有一个人或者没有一个人给你名片的,扣 1 分。如果名片信息有误,且各人的名片版本不统一,Logo 位置混乱的,扣 1 分。

整个会议持续时间少于 30 分钟或者长于 2 小时的扣 1 分。会议时间在 55 分钟到 65 分钟,且甲方结束后不急着离开参加下一个会议的,加 1 分。

此外,甲方团队成员的衣着和个人形象也是重要的参考标准。

识别甲方招数五: 事先做好功课

当然,如果你有时间搜索甲方的官网,看看甲方的微信公众号,搜搜甲方的百度品牌关键词排名情况,再上淘宝查查各种仿冒商家的管控情况。另外有一种情况需要警惕,如果甲方公司的大老板在各种公众活动中都非常积极踊跃的,也有可能是出现市场费用短缺的。因为一般这种公司倾向于把钱集中起来办大事,而一办大事,就没你什么事了。总之,各位工业品营销人在面对外企甲方时,一定记住 15 字真言: 比稿不陪标,勉力不免费,你别来唬我!

02 甲方视角：不同行业的甲方处在数字营销的不同发展阶段

我们在这一节通过各个行业甲方之间的对比，让大家更多地了解不同行业营销工作之间的差异以及发展阶段的不同。作为一个好的 B2B 工业品营销人，除了看自己这个行业发展的情况，还要多留意和观察“隔壁”行业的业态，吸取经验，用到自己的日常工作中去。

甲方一：知名消费品品牌

知名品牌消费品的甲方本身应该算是处于营销人羡慕的“食物链”顶端的角色。他们开始涉足数字化媒体应该可以追溯到 20 年前的 PC 时代。那时候，很多门户网站的首页横幅就是各类知名消费品品牌的广告。当然，那时候的数字营销还是营销分离的传统模式，即利用数字媒体来做硬广呈现的传统营销思路。不过，当知名品牌商进入电子商务领域后，他们对数字营销的敏感度就一下子提升了，首先就是对于站内流量的把控。

知名消费品品牌开始进入电商领域，应该是在近十年前。当时，很多消费品选择使用一些知名的运营商来经营自己的旗舰店作为试水新渠道的方式。近五年来，随着电子商务市场规模的增长，很多品牌商又从运营商手中收回了旗舰店的运营权，转而授权给自己旗下较大的经销商或者自建团队来经营。所以，消费品行业的很多营销人员对于电商的策略和实操手法已经是滚瓜烂熟了。无论是直播、内容植入，还是 KOL 带货、海外购等模式，对他们来说都是基本功。即便现在仍然有不少快消品品牌选择代运营商来做电商，但是这些甲方品牌商对于各类大促活动、平台规则的了解，也不会比乙方差多少。

随着自媒体的兴起，原生广告的普及，知名消费品品牌的甲方又开始着眼于各类社交和内容平台。他们往往能对文案提出比较细致的要求，也能自主鉴别各种公关公司提议的网络红人或意见领袖的含金量。甚至，他们会自己去这些平台上去挑有人气、符合品牌调性的红人，然后直接谈价格。相对来说，知名消费品品牌的甲方已经将数字营销的实践完全融入日常工作中。他们对包括营销自动化、内容建设、视觉管理、舆情监控、品牌保护、电商大促、跨界营销等伴随着数字营销应运而生的新营销工作都已经驾轻就熟了。当然，拥有相对充足的预算，也保证了他们可以不断有机会尝试新事物，同时获得更多机会来学习新的知识。

甲方二：非知名消费品品牌

对于非知名消费品品牌的甲方来说，他们对数字营销的需求更多的是差异化，以小博大，突出自身的优势。相比那些知名消费品品牌每到“双11”大促就在京东、天猫等平台比拼折扣的策略，他们更加看重投入产出比和带货能力。同时，他们对自己公众号和网站等自媒体的经营也非常看重，往往希望能够突出他们自己的独特定位。这些品牌商利用一些新兴的、相对小众，但定位独特的电商平台赢得了一定的市场地位，他们更注重借势营销技巧。比如，很多国内的品牌利用类似唯品会、蘑菇街等相对垂直的电商平台，在三四线城市消费升级的过程中，获得了自己的客群。也有很多国外品牌借助跨境电商的崛起，获得了大量的国内海淘客户，获得了自己的第一批“铁粉”。

随着直播等形式的兴起，这些甲方对于网络营销的带货能力更加看重。如果不能够获得一定产出，那这些甲方一定不砸钱做广告。此外，线上、线下同款同价也是他们的一部分产品销量走在一些知名消费品品牌之前的原因。对他们来说，做“品”要比做“面”容易，全面打造品牌效应往往是在满足一定销量目标之后的事。

甲方三：B2B 工业品品牌

工业品品牌开始进入电商和开启数字营销最早也要从 2013 年前后算起。相对外资品牌,国内民营品牌更加活跃。早期的工业品电商的主要目的是清理库存和不畅销产品。2016 年左右才有大量的著名工业品品牌入驻各类电商平台,开设自媒体。相比做电商来说,各家企业对微信公众号和官方微博等自媒体更加热衷,主要原因是这些自媒体的开设成本比较低,对内又有足够的影响力,很容易弄出点"动静"给老板们看。反过来说,自媒体是最容易赶上时髦的数字营销平台。不过,这些工业品品牌企业的营销预算相比消费品企业来说就捉襟见肘了。所以,工业品品牌的营销人往往是个多面手,既能写段子,又能做策略,还能画电商店铺页面线框图。

另外,这些甲方由于本身受众客群就不大,所以每次营销活动所得的销售线索就显得弥足珍贵。线索管理和线索转化往往是区别这些甲方最终成效的一个重要衡量标准。相对来说,那些新兴的内容平台,比如抖音、小红书等,还有许多营销自动化的工具对这些甲方来说还比较陌生。有一些网页和 APP 底部横幅的精准投放项目、朋友圈广告等媒体资源采买已经是目前 B2B 工业品品牌甲方能够用得比较好的营销资源了。

甲方四：知名药企品牌

对医药行业来说,数字营销的两个最大难题就是：合规和目标对象的找寻。根据医药行业的行规,产品方面的营销基本上只能针对医生来进行,所以针对患者的营销要通过第三方视角不着痕迹地表现出来。所以,数字营销在医药行业一直很难发挥其"病毒传播"的用武之地。因为医生比较忙,很少有时间去浏览各类内容平台。同时,针对医生这个群体也相对有比较传统和成熟的传播路径可用,所以新媒体的作用显得很有限。另外,药企的合规流程又比较严格,每次推送的内容都要经过层层把关和修改。往往一个月内能够审核完一篇推文已经算是快的了。有的时候来来回回审核了几个月，最后被“毙掉”的文章也不少。所以，这些公司的自媒体基本就是第二个官网，很少有比较吸引人的内容，以硬知识为主。

这些公司目前的数字营销主要还停留在做好官网和单向的通告阶段，与客户的互动比较少，加入大平台做电商的就更少了。随着一些 O2O 的销售渠道、零散药店渠道、部分垂直医药类问诊或信息平台的日渐活跃，医药行业的数字营销正在经历着工业品几年前经历过的萌芽阶段。

通过简单的罗列，我们还是能大致了解各行各业目前在数字营销这项工作上的现状和彼此间的差距的。如我在上本书《首席数字官自述：我的 B2B 数字化转型方法论》中的观点，决定行业数字化进程的三要素分别是：购买方试错成本，成本越高，推进越慢；买卖方之间信息不对称程度，程度越高，推进越难；行业从业人员平均受教育水平，受教育水平越低，推进越难。所以，大家可以试着去看看自己所处的行业对数字化营销的接受程度，然后对比自己所在的企业与这个行业整体水平的差异。

03 企业视角：什么样的企业组织架构才适合数字化时代的人才获取

相比于 B2C 的个人消费品行业，由于传统的 B2B 工业品行业涉及的多是重资产业务，一旦开启数字化就不只是简单地开辟一个新渠道，用一些新媒体，做一些新形式的营销活动，而是整个公司架构和决策系统的变化，对企业从现阶段开始一直到未来五到十年的发展策略都有重大影响，尤其是对企业现有人力资源管理和组织架构方面的重构。下面，让我们通过以下几个案例来跟大家谈谈数字化变革对企业人力组织结构和人才能力方面的要求。

想清楚了再干还是边干边想

小张是一家专做化工产品线上销售运营公司的资深运营经理，他虽然还不到 30 岁，但是对业务已经非常熟悉，各种电商平台的大促规则、商务条款、竞争策略他都了然于胸。一次偶然的机会，他接触到了行业内一些大品牌的厂商，并且知道他们在招收一些像他这样有实操经验的人才来发展自己的电商业务。于是，本着人往高处走的想法，小张毅然向几家他中意的大公司投了简历。经过几轮面试后，他顺利入职了一家化工行业的 500 强巨头企业，也成为该公司新业务为数不多的骨干人员，并得到了重点培养。然而，小张到了新公司后才发现，每天白天总是有各个部门的人来约他开会，需要他做各种的分析和预测，甚至要他对公司未来 3~5 年的电商业务发展做出规划并提交相应的数据报告。不说这家公司的电商才刚刚起步，上线的产品少得可怜，成交订单屈指可数，行业内也没有几家同类型的公司在开展电商业务，就算是那些在电商业务上有了一定规模的工业品企业，也没办法现在就看清楚未来三五年整个大市场的发展趋势。另外，小张虽然在上一家公司接触过一些化工行业的市场和销售人员，但是他对这个行业的整体情况尚处在摸索状态，怎么可能“大胆地”预测到自己才接触了几个月的行业在未来3~5年的趋势呢？小张感觉自己以前学的东西不足以让他在这种分析来分析去的会议上镇得住场面，因此非常苦恼。而那些高管也对小张是否如其简历上展示的拥有那么丰富的运营经验产生了怀疑。

其实，互联网产业是一个快速迭代、小步前进，在发展过程中不断试错和探索的新型业态。相比于传统行业，它的发展规律更加难以概括，也非常依赖于每一个方案落地的实际结果，以决定下一步方案的制订和实施。如果按照传统的一步一展望，三步看一年的方式去做计划，就会造成对市场变化响应不及时、资源浪费、无力应对新的互联网营销方式的局面。虽然在老一辈营销人的观念里，很多90后、95后那种不管三七二十一先做再说，以及走一步看一步的心态，多少有点缺乏远见和责任感，但这种做法恰恰适合互联网时代小步快走的商业模式。

层层汇报还是当机立断

小张好不容易靠着最近一次的线上促销活动获得的业绩，暂时止住了管理层对于他能力的质疑，也慢慢地习惯了跟各个部门的人沟通交流，开一些务虚的会议。然而，他发现这些会开了跟没开一个样。以前在小公司的时候，有什么事情要做，跟隔壁桌的直线领导打声招呼讨论一下就能做了。现在，哪怕是一件小小的事，都要向上一级级反映，一直到有人拍板决定，然后再向下一级级传达，直到都确认好之后才能执行。可能半个月里开了三四次会却什么都没能做成，而每次开会的结果都似乎要等待在场的某一个人“回去确认”。

互联网公司和传统公司的一个很大区别就是组织结构的扁平化和一线人员的充分授权。比如，在阿里巴巴和京东这些互联网公司里，基层员工本身就可以根据公司的制度、惯例和策略决定很多事情，然后由他们自己去沟通获得资源，或与其他部门协作完成项目。跨部门的项目也不一定需要不同部门的上层之间先达成一致，然后再层层向下对接，普通员工可以直接“找上门去”，到对应的部门去要求协助。相反，在传统公司里，员工的授权范围非常小。很多问题明明一线的员工已经有更优、更好的解决方案，但是碍于传统的汇报线制度和个人授权的不充分，最后只能选择既不经济又不高效，但“不会犯政治错误”的稳妥方式来处理问题。

个人也可以是不依附公司而存在的“平台”

小张作为一个成长在互联网时代的年轻人，有很多自己的爱好，包括穿着也比较有个性。平时如果没事，可能到公司时间往往比正常打卡时间晚半小时左右。但是，一旦碰到平台促销和店铺活动，他会自觉加班加点，甚至好几天都住在公司或加班到深夜才回家。小张认为，一个人在公司的时间应该相对弹性，与工作内容无关的事情也不该由公司来决定，只要认真做好本职工作并有好的结果，就应该得到公司的认可和嘉奖。但是，人力资源部认为小张考勤迟到，在办公室的穿着不完全符合公司的着装要求，加班也没有事先申请并做好时间记录，无法考核，所以并不能给予小张他认为的认可和嘉奖。到底是严格按时打卡或在公司“带薪聊天”好，还是以结果为导向让员工自主调配时间，哪怕“996”也没有怨言好。

公司和个人的关系随着互联网时代的来临正变得越来越微妙。最近的一个热词——“斜杠青年”说的正是这种关系。从 2017 年《斜杠青年》这本书出版至今，与斜杠工作者相关的书籍已超过 20 本，这类图书也经常占据商业类图书畅销排行榜的前列。实际上，斜杠青年的诞生正说明了企业不再完全拥有和掌控员工，员工也不再受限于其工作的企业这一个平台，而是可以放眼更多与自己能力和专长相符的平台。在这种组织结构下，个人更像是一个小平台，而企业是一个大平台，双方基于对等和互惠互利的关系合作。当然，如果你自己的平台很小，那么也就不能谈什么平等合作，而是只能“依附”了。但是，当你通过不断地积累，把自己的平台越做越大之后，你跟公司这个大平台的合作关系就会越来越对等。也正因为如此，组织结构的扁平化会成为一种必然趋势。越来越专业的分工,数字化技术提供的协作能力保障以及大平台与小平台间的合作共存关系,决定了传统企业过长的汇报线和过于集中的授权路径会降低组织的整体效率和个人创造力。因此,在互联网变革影响下的这种新型组织架构,恰恰和当今的传统制造业中主流的金字塔结构截然不同。

未来的公司“岗位”对人的依赖性会大大降低

小张在这家公司工作快一年之后,出于各方面考虑,还是决定辞去现在的工作,换一个环境,去一家刚刚拿到 B 轮融资的科技公司,帮它们拓展线上业务。他离开的时候公司还没能找到合适的接替者。于是,公司在电商上好不容易打开的一点局面随着小张的离开“一夜回到解放前”。

之前看一部电影,里面有一句台词: 21 世纪最重要的是什么? 人才! 诚然这句话没错。但目前企业最重要的资产已经悄然发生了变化,完全依赖人才在关键岗位的发挥将大大增加公司的不确定风险。人才是目前企业最重要的资产和竞争力所在,因为人才是公司所有重要数据、信息、经验的承载体。虽然大多数公司员工都使用电脑存储与工作相关的数据和文档,并且其所有权在公司,但如果没有对的人去打开和使用它们,那就是一堆旁人完全无法利用的数据而已。

然而,随着数字化技术的迭代和人工智能技术的完善,未来的“智能数据中台”将能够帮助企业大大降低关键岗位人员流失带来的风险。数据中台连接各个工作平台,通过公司的人工智能中心,能够完美地记录并模拟出前任员工的日常工作,并且调用公司内相关的产品、客户和市场信息,来帮助继任者迅速掌握新工作的内容,并顺利实现过渡。同时,基于人工智能设备的自我学习能力,未来的公司工作平台甚至可以借助大数据,在员工原来工作方式的基础上,结合新员工的个人特点,提出优化建议,以达到提高这个新员工工作效率的目的。公司对于所有人员和岗位的管理也将借助数据和平台系统变得更加直观和简便,很多由于沟通不充分而产生的问题也将更好地借助人与智能设备的协作来解决。人们可以花更多的时间在创造和交流上,并且为工作和生活找到最佳的平衡点。同时,企业也可以通过不断积累数据,完善自身对整个行业和市场的认识,从而形成与时俱进的核心战略。

整个互联网技术发展和数字化变革的方向是“去中心化”。比如,现在渐渐被提到重要地位的“边缘计算能力”,是比“云计算”这个狭义为分布式,但广义上依然是非离散化(核心任务的非离散化)的概念更加去中心化的技术。如果把一家公司看作一个网络系统服务,其中,公司的整个决策体系可以看作是“云”,那么每一个员工本身的能力就是最靠近应用端的“边缘计算能力”的体现。现如今,“边缘计算能力”在系统整体性能提升的贡献中所占的比重已经越来越大。比如,iPhone X 的人脸识别能力很大程度上取决于每一台手机的“边缘计算能力”,而不仅仅是靠庞大的“云计算识别能力”和海量的深度识别学习积累。对于公司来说,只有真正赋能和授权给每一个一线员工,再通过高效的数字化平台来协调这些个体之间的合作,才能最大限度地提升公司这套大系统的“边缘计算能力”,使得公司整体效率得到最大化的提升。

04 员工视角：如何在工业品企业内部建立起营销 SOP 来提升工作效率

SOP(standard operation procedure)即标准作业程序,就是将某一事件的标准操作步骤和要求以统一的格式描述出来,用来指导和规范日常的工作。

SOP 是一种标准的作业程序。所谓标准,在这里有最优化的意思,即不是随便写出来的操作程序都可以称作 SOP,而一定是经过不断实践而提炼出来的,在当前条件下可以实现的最优化操作程序设计。说得更通俗一些,所谓标准,就是尽可能地将相关操作步骤进行细化、量化和优化,细化、量化和优化的度就是在正常条件下大家都能理解又不会产生歧义。SOP 不是单一的,是一个体系,虽然我们可以单独地定义每一个 SOP,但真正从企业管理来看,SOP 不可能只是单一的,必然是一个整体,也是企业不可或缺的。SOP 的精髓在于把每个步骤的作业要求都尽可能量化,使得校验和计量变得可控。

SOP 的产生是为了保证每一个岗位都有明确且标准化的作业流程,这样可以最大限度地保证产品的质量,降低岗位人员变化带来的风险。

营销到底应该是天马行空还是按部就班

大家应该都可以理解生产制造或者项目管理需要一套严格的 SOP。然而,营销不应该是一项天马行空、自由创意、无拘无束的工作吗？怎么会有标准流程化运作这么死板僵化的形式呢？接下来和大家说说营销到底是如何和标注流程扯上关系的,以及如何建立各项营销工作的标准流程。

有时候,市场营销就好像是一门公共兴趣课,每个人似乎都感兴趣,但又未必当作专业去深入学习。每一个人在生活中时时刻刻都是某一项产品或者服务的营销对象，切身感受着各种最新的营销方式和理念对自己产生的作用。于是，公司里上到执行副总裁、财务总监，下到一个研发工程师，甚至是一个车间工人，似乎都对市场营销这件事能发表一些观点和看法。反倒是B2B工业品行业的营销人，似乎永远是那个最没有创意和最缺乏想象力的人，每次都只能苦哈哈地拿出老三样来充个数，完全不及当下各种高大上的营销手段那么绚烂多彩，令人眼花缭乱。

其实，这就是不当家不知道柴米油盐贵，不干活不懂得工作累。又有多少人知道哪怕是一篇阅读量超过10万的微信推文，实际能增加的新粉丝数也不到2 000，但却可能花掉十几万元的市场费用，还得运气足够好才能“一击必中”。如果运气稍微差一点点，恰好错过了热点，或者内容的受众稍微小众一些，没做到那种只要点开“阅读原文”就送金拱门免费冰激凌的福利，结果可能是花了十几万元的预算做了一篇大家都很满意的推文，但阅读量远达不到预期，更别说增加大量的粉丝了。退一步来说，就算加了几千个粉丝，又能在多大程度上把媒体价值转化为商业价值，找到销售线索并成功转化为订单呢?

B2B工业品行业属于人尽皆知的营销预算少得可怜的行业。背后的原因我们也在前文分析过。于是，工业品行业的人通常都十分羡慕消费品行业那种一掷千金的豪气，甚至也认为，如果他们也是如此手握大权，兵多粮足，哪愁不能一战成名。然而，大家所想的营销是否真的如此简单，谁都可以上手就干，花了钱就能火呢? 我们不妨来说一个大家都非常熟悉的人物故事来类比一下营销这件事。

看似独特的想法未必是“灵光一闪”的结果

不少人看《三国演义》是冲着战无不胜、事事料敌于先的诸葛亮而去的。我一直认为营销的最高境界是“making strategy”（设计策略），或者直白地说叫“懂得算计别人”。诸葛亮打仗胜利并不是靠自己冲锋陷阵，也从来不是依靠优势兵力或者先进武器来碾压对手，而是靠合理地利用天时、地利、人和来创造出局部的优势，再通过各种预先设下的埋伏给敌人出乎意料的打击，从而获得胜利。要知道，古代战场的通信系统远远没有今天发达，一个命令要传到战场上只能靠旗帜和鼓号声，如果遇上天气好，战场比较小，这或许还能起到一定的作用。否则，就基本处于各自为政的失联状态。所以，如果打仗前能够安排好一切并且从容应对瞬息万变的战局变化，做到事事都占先机，那是非常厉害的。在这一点上，其实从诸葛亮“未出茅庐便知天下三分”就能体会到了。然而，诸葛亮这些看似灵光一闪的智慧到底是怎么来的呢？我们不妨从空城计的故事来看看他是怎么做到的。

空城计的故事发生在三国后期，诸葛亮因错用马谡而失掉战略要地——街亭，司马懿乘势引大军十五万向诸葛亮所在的西城蜂拥而来。当时，诸葛亮身边没有大将，众人在听到司马懿带兵前来的消息都大惊失色。诸葛亮登城楼观望后，让众人不要惊慌，说他略施一计，便可教司马懿退兵。

于是，诸葛亮传令，把所有的旌旗都藏起来，让士兵在原地不动，不要私自外出以及大声喧哗。他又叫士兵把四个城门打开，城门之上派 20 多名士兵扮成百姓模样，洒水扫街。诸葛亮自己披上鹤氅，戴上高高的纶巾，领着两个小书童，带上一张琴到城楼之上，燃起香，然后慢慢弹起琴来。

司马懿的先头部队到达城下，见了这种气势，都不敢轻易入城，便急忙返回报告司马懿。司马懿听后，笑着说：“这怎么可能呢？”于是便令三军停下，自己飞马前去观看。离城不远，他果然看见诸葛亮端坐在城楼上，笑容可掬，正在抚琴，左边一个书童，手捧宝剑，右边也有一个书童，手里拿着拂尘。城门里外，20 来个百姓模样的人在低头洒扫，旁若无人。司马懿看后，疑惑不已，令后军充作前军，前军作后军撤退。他的二子司马昭说：“莫非是诸葛亮家中无兵，所以故意弄出这个样子来？父亲您为什么要退兵呢？”司马懿说：“诸葛亮一生谨慎，不曾冒险。现在城门大开，里面必有埋伏，我军如果进去，正好中了他们的计。还是快快撤退吧！”于是各路兵马都退了回去。诸葛亮的士兵问道：“司马懿乃魏之名将，今统十五万精兵到此，见了丞相，便速退去，何也？”诸葛亮说：“兵法云，知己知彼，方可百战不殆，如果是司马昭和曹操的话，我是绝对不敢实施此计的。”

诸葛亮用空城计退敌，看上去就好像是一次“创意营销策划”，形式不拘一格，结果出人意料，产生了绝佳的效果。实际上，诸葛亮是利用自己的品牌效应和对竞争对手的深入了解，在算计敌人的时候，连同自己人一并算计了进去。他能够充分利用已掌握的老对手司马懿的性格特点、临阵心理状态，还利用了自己的“品牌效应”，即一直以来通过众多胜利建立起来的蜀国士兵和将领对他的无条件信任，从而让他们配合着实施了空城计。这种在任何情况下都能对自己和对手的情况了如指掌，因地制宜地做出个性化方案，最大限度地利用自身的优势，从而出其不意地一招制胜是需要长时间培养出来的“本能反应”。很多人都看过《三十六计》或者《孙子兵法》，却无法把其中的方法融入我们日常的决策行为中去，这也说明思维方式并不是那么容易训练和培养出来的。

我们其实没有办法训练出一个诸葛亮，也没法让大家通过学习“波特五力”模型或者菲利普·科特勒的理论就培养出一群营销大师。营销学中提出的很多逻辑方法在学习它们的时候是很容易理解的，但就是很难自然而然地把它们用到你的每一次思考和决策中去。这就是营销工作的知易行难。

我们绕了这么大个圈子，其实是想说，那些看起来非常独特的创意和营销理念即便抛开运气的因素，也是很难去模仿和复制的。我们作为营销人并不应该一味地追求“出其不意”和“一击必中”，而是应该守正出奇，先把所有该做好的事有条不紊地做好，不求有功，但求无过，才能长久地在营销工作中立于不败之地。

其实，营销是一项在比拼智商、情商、耐力和努力程度之外，对营销人博弈能力要求非常高的工作。因为大多数时候你拥有的资源相对你要达到的目标来说，似乎看上去永远都不够。B2B 工业品营销人手上没多少预算，好在工业品的销售也确实不是单纯依靠品牌的知名度和市场推广活动就能大量增加，而要通过渠道、销售、策略定位和产品本身性能等多个方面共同配合才能获得理想的结果。B2C 消费品行业的营销人看似有很多预算和能力出众的供应商协助，但是要从这么多看上去都很棒的创意里选出适合自己业务的那一个，使得花出去的钱都有效果，帮助公司完成销售目标并获得期望的品牌知名度和美誉度，也是一项富有挑战性的工作。

严谨的思考过程更容易做出理性决策

既然我们营销人的终极目标，无论是工业品行业还是消费品行业，都是要用有限的资源实现产出最大化，那么这项工作就应该和投资一样，不是靠所谓的直觉和灵感，而是应该有一套完整的决策流程和评估体系。就好像上市一款新产品一样，从原料的选择、产品的设计，到工艺的选用、质量的把控以及最后的包装、物流方案，都有一整套决策模型和流程，即我们所说的标准化操作流程。同样的道理，营销人也应该要建立起自己的 SOP，尤其是为了更好地完成数字化营销工作。为什么要说尤其是为了做好数字化营销工作呢？道理很简单，数字化营销工作本身就包含了各种数据辅助决策的情况，而这些情况更加符合逻辑性较强的 SOP 模式。而实时反馈的数据，能够更好地检测 SOP 的逻辑性和合理性，帮助提升整个 SOP 的效率。我们不妨以企业官方微信运营和微信内容营销这项工作来举例说明如何建立营销工作的 SOP。

B2B 工业品企业的营销人员在面对微信公众号时往往都会表现出既爱又恨的情绪。爱的是这件事似乎门槛很低，不用太多成本自己动手就可以做出点样子。什么样的内容都可以稍微编辑一下放进微信推文里，然后动动手指往外一发，而且总能有自家员工和员工家属们作为“忠粉”会阅读和转发。恨的是这件事似乎怎么做都看不到什么效果，粉丝增长缓慢，也看不到和销售业绩增长有任何关联，就是品牌价值的提升作用也不明显，甚至连公司内部很多人都不知道自家公司的公众号。常常你费尽心力熬夜写出来的一篇推文，最后也就是那么一点点阅读量和转发量，与那些动辄就出一篇 10 万以上阅读量的推文的大号之间好像有着难以逾越的鸿沟。

每个工业品企业运营微信公众号的营销人都会或多或少经历过下面这些情况。比如，你好不容易写了一篇不错的推文，公司公众号的粉丝数量在一直下跌的状态下终于迎来了令人欣喜的上升，而且阅读量有史以来第一次破万。当你满怀激情地拿着后台数据在管理层的月度会议上自豪地宣布这个“重大喜讯”的时候，销售总监不合时宜地问出一句话：“那又如何？”冷静下来，你会发现，虽有不甘，却又真的说不出“能如何如何”。

这种窘境我不止一次在同行交流的沙龙上听那些资深的营销总监说起过。其实，包括我自己在内，大多数工业品营销人确实不知道该如何回答这个问题。微信运营做得不温不火的时候没人关心，也没人觉得这有多重要。好不容易有一次爆发，却发现依然是没什么值得炫耀的，那我们还做这件事干什么？难道真的只是为了给自己的老板在同行之间分享的时候炫耀自己公司也在“与时俱进”？

微信社交营销会与业务部门密切相关

也许创建公司微信公众号的营销人员依稀还能记得刚刚申请好微信公众号时，我们邀请业务部门人员参与讨论，大家都满怀憧憬要有一番大作为，在头脑风暴后列出了一大串我们可以用微信平台来传播的内容方向，每个人都才思泉涌。然而，等到公众号开始真正征集第一篇内容的时候，大家又都突然变得好忙，“没有时间”参与，更“没有时间”去写他们提出的那些话题。这个情况其实与在开始创建公众号时没有找对目标，没有定好合适的KPI给相关人员，也没有设定好大家的工作机制有关。同样的情况，如果换成是在一个项目管理场景或一个生产制造管理的现场，那一定会让人觉得不可思议：怎么会忘记这么基本的东西？但是，一旦出现在营销这件事上，就不太会有人去纠结到底应该如何去规避出现的形形色色的问题。其实，如果在微信公众号运营这件事上，我们在一开始就制定好和业务相关联的KPI，获得业务部门的认可，即能够把这些基本的粉丝数量、活跃度、阅读量、打开率、转发数和点赞数、留言次数等媒体指标、业务目标及业务价值做好关联，使得业务部门重视并参与到这项工作中来，就不会出现到了需要推文的时候，大家都以各种理由推托。

我们打个比方来说明一下这种媒体数据和业务目标如何产生关联。比如，企业与客户的每一次沟通相当于一次商业信息的传达，有一定的价值。假设我们线下开一次100人的会议要花费5万元，相当于每人500元的信息传递成本。如果使用微信沟通，哪怕只有1/10的沟通效率，也可以当作价值

50 元的沟通成本。又如，一条与产品询问有关的留言或者一次促销活动信息的转发行为，可能相当于一个销售线索。即使可能要 50 个线索才能产生一个真正的客户，完成平均客单价 10 万元的销售（事实上，B2B 的平均客单价并不低），相当于一条线索价值 2 000 元。再如，我们的售后客服人员通过设置微信端的“词条检索”功能解决了客户的提问需求，或是客户利用微信平台通过二次开发提供的自助服务菜单解决了一些产品和技术上的问题，就可以为我们的工作人员节省下一部分原本用于处理客户这类问题的工作时间。按照时薪的价值，如果一次问答折算为 10 分钟的工作时间，那这项自助服务产生的价值实际上也相当于 1/6 的时薪。如果是在一些大公司里，按照有一定资历，能为客户解答问题的员工的平均工资水平来看，其实它的价值也并不低。诸如此类的价值换算，其实可以更加直观地体现微信平台提供的营销内容和最终业务目标之间的关系和相应的价值。当大家的目标和衡量标准一致了，就自然而然地会产生协作，形成合力，用性价比最高的方式来投入，取得共同认可的结果。

在内容建设和微信公众号运营上也应该和其他项目管理的方式一样，按照设定目标、建立岗位、阶段考核、统一管理的思路，很快就可以整合出一个小小的编辑部，按照一个媒体的基本运作方式来推进各项工作。从题库建设，到选题确定，到编纂，到审核，最后到发布和推广监测等环节应该作为完整的 SOP 固定下来，而不是每做一期推送，都是东一锤子西一棒子地临时找内容。而这些工作得以落实的前提是获得大家对于这项工作的价值的共同认可。

公司官网建设也需要设立目标和流程

再说一个公司官网管理的例子。很多工业品公司的网站管理都是外包给一些小 IT 公司来开发和维护的，而这个网站设计怎么样，有没有人用，平时也没什么人关心。实际上，一个好的官网对工业品企业来说，绝对是客户开始了解企业商业信息的最佳门户。而且从营销的投入产出比来看，这样的方式比其他渠道的性价比也高得多。当然，建设一个好的网站就要从网站内容、访问体验、访客信息留存能力以及精准营销能力上做非常细致的规划和投入。就说对内容的要求，不但要全面，而且要清晰明了，以便客户在面对相对不熟悉的产品时也能找到自己需要的信息。比如，我在看某著名轮胎公司的网站时，发现它不但能够通过轮胎参数来选择轮胎，还可以从车型等其他你可能知道的信息维度来搜索你需要的轮胎。这样，无论是对于专业客户还是非专业客户来说，都十分方便。同时，它的页面清晰，文字、图片搭配合理，浏览顺畅，访问体验还是不错的。但是，它的信息留存和精准营销能力就未必能够得到高分。另外，我按照轮胎参数进行浏览选择的时候，在每一项轮胎参数的旁边就没有进一步详细的说明和推荐。如果在这些参数后边附上对油耗、抓地力和车辆行驶的噪声的说明，或许能够更好地引导客户去发现并选择更高端的产品，而不是只做简单的替换。这实际上错失了获取那些希望更进一步了解品牌从而升级自身需求的优质客户的机会。更进一步来说，如果访客花时间去研究轮胎参数的行为信息，被网站很好地留存下来，就可以帮助品牌建设更好的终端用户行为数据池，从而了解新的客户需求，并优化自己的产品策略。我相信，这个公司的业务部门也一定会认同能够为它们带来这些好处的网站，并一起投入资源完善它的功能。

当然，这些目标的建立，都需要先和业务目标相匹配，并非是“一招鲜，吃遍天”。不同类型的业务需要建设网站的目的可能大相径庭，所以需要业务部门和市场营销部门坐在一起深入地沟通、明确各自的需求。事实上，这也是市场部门“走出去”，得到其他部门，尤其是公司里最容易吸引管理层关注的销售部门的同事们认可的一个好契机。不过，凡事都有利弊，当你关起门来自己做的时候，虽然不容易获得大家的理解和支持，但往往推进较快。反之，当你打开门和大家交流的时候，显然也很容易受到各种意见和建议的干扰，最后难以形成一致的提案。因此，这个度需要每个市场营销人根据自身所处的实际情况来把握。

工业品电商的业务流程更需要标准化

再来说说 B2B 工业品电商是如何通过业务流程的标准化来提升效率

的。其实，大家应该都或多或少知道一些线下业务管理的标准化工作，如流程、制度、业绩计算和汇报的标准化等。尤其是在近几年许多工业品公司使用了 CRM 系统之后，更是加速了这项标准化工作的进程。CRM 系统与其说是客户关系管理系统，不如说是销售业务标准化管理系统。公司对于销售的每一项日常行为、业务指标、项目进度都有了实时量化的数据和考核标注，既准确又直观。因此，销售哪怕是在暂时业绩不愁的情况下也要主动出去多拜访客户，拜访不同类型的客户积累销售线索，了解市场信息。

但是，工业品公司一旦把业务做到电商渠道去了，就完全把这套办法丢掉了。“坐商”这种销售方式在 B2C 零售消费品的电商业务中非常好理解，就好像你走进一家百货商场，很少看到各家专柜的导购在你还未进店就为你推销的，一般都是在你进店后，看了一段时间商品，他们才问有什么可以帮助你的。甚至在大数据时代的今天，哪怕是有了人脸识别技术，只要你刚走进店铺，营业员的电脑上就能显示出你是老客户，之前来买了条围巾，现在可能是来买帽子的，她也会装作不知道而问你一声我能为你做什么，而不是主动上去推销：“您上次来买了围巾，今天是不是想来看帽子啊？”在零售行业采取这种推销方式，是为了给客户相对自由的购物环境和体验，也最大限度地减少无效而又费时费力的推销工作。

不论是在线上还是线下，消费品客户往往对推销人员的依赖程度比较低，在适当时候给他们提供购买流程上的协助就好。消费者在个人消费品上的选择偏好和相关知识的学习能力都较强，产品的很多优缺点他们也比较容易知晓，所以他们向营业人员询问的都是和交易流程和商务条款有关的，如能否打折，能否退换，能否试穿，等等。对于产品基本信息的了解，不同产品之间性能差异的对比和筛选等，他们都希望自己先初步做一个概览和了解，再要求店员的协助，这和工业品销售需要销售人员更多主动性完全不同。一般消费品电商店铺的单日客流都很大，一个客服一天可以接待上百个客户，相比线下，线上客服人员的时间更加紧张，每个线上客户能获得的沟通和应答时间都很有限，很少会有空闲的客服人员主动去询问客户的需求，除非是那些销售的产品单价较高使得总体客流量很少的品类。

现有 B2B 工业品电商的主要销售管理模式还是从 B2C 消费品电商的基

础上借鉴过来的，所以在客服人员管理这方面，对于他们的要求也沿袭了B2C的方式，并没有明确要求客服要主动去询问客户的需求和持续地跟踪有过接触的客户，以及他们的项目进程。所以，工业品电商客服往往也采取了“坐商”的方式，问一句答一句，既不记录客户的信息和潜在需求并做回访，也不收集客户的行业和应用信息做线索分析，更不会主动去查看访客日志和店内未问询访客，并主动出击向客户提供产品介绍和相关服务。那些在工业品行业已经用了很多年的经典客户管理和客户跟踪的流程与方法，在线上完全没能很好地被运用。

好的SOP才能帮助B2B工业品企业实现销售转化

我曾问了一个网络经销商，他在阿里巴巴1688上有一家店铺，每天有200个左右的访客。作为一个B2B工业品经销商的店铺，从他在站内外投放的资源来看，这个访客量其实已经不少了。但是近200位访客，每天只有一到两单的成交量，而且其中2/3还是那些老顾客，这就是问题了。我又接着问下去，事实上，每天店铺客服都能接到10多个访客的主动询问，而且超过80%都是之前没有成交记录的新访客。可是，一年下来，他们竟然连一张客户跟踪名单都没有。而那些点开了的对话窗，没说两句话就关了，也再没有联络和回访。

B2B工业品的流量都很精准。且不说大量的媒体投放和公众营销活动是否能够获得对应的流量，即使这么做了，由于大多数投放都起不到效果，综合下来的单个获客成本就非常高。在这么高的获客成本下，却让这些已经主动询问的客户白白流失，连回访的机会都没有，那是不是很可惜呢？因此，我经常告诉那些做B2B工业品电商的老板们，要么你请一个很有责任心和自我管理能力较强的客服，要么你建立一套很严谨的在线销售管理流程，否则你投再多的广告来引流也是白白浪费钱。这就是我所说的数字营销和电商应该建立起SOP的原因，不要因为自己的转化能力缺乏缜密的组织流程而浪费了好不容易获得的流量。

很多人把工业品营销这件事情要么想得过于简单，要么想得过于复杂。

事实上，做营销很多时候就和做会计、做质量检测工作一样，只要设定好合理高效的SOP，然后按部就班，这可以保证在90%的情况下结果都不会差到哪里去。至于真正的营销大师和天才创意，那就不只是靠把事情做对就可以获得的，而是有经验、天赋和很多偶然性因素在其中起作用。公司无法靠刻意努力去培养出一个营销大师，也无法靠简单复制来创造同样的营销传奇。然而，就岗位职责来说，公司对你的期望其实就是稳定，高于平均水平，且少出错。也许等到有一天你的积累足够，由量变引发质变，会有机会成为一位真正的工业品营销大师。但在此之前，就需要像法国厨师一样，在自己还没有成为米其林星级厨师前，不要随便试着去改变烹饪配方，而是照着那些经典的、标准的配方来做。

05 对内视角：互联网时代下的工业品营销人应该具备的品质

最近，我听到最多的感叹就是现在公司招人难，特别是既具备互联网经验又了解传统业务的营销人才。这样的人才，别说是那些还在创业中的小公司，即使是我们这种500强的大公司也会觉得越来越难招到。尤其是当下部分90后都认为，自己每天上班下班那么辛苦，却只赚那么点工资，反正有的是其他办法可以找一些轻松自在的工作来做，哪怕是赚得少一点点，还是先多看看世界。比如，趁着滴滴和美团为争抢市场份额而给司机大量补贴的时候，去开几个月专车，顺带做个自媒体写写点评，开个网店搞搞微商，当个博主去做直播，等等。当然，我们也会发现，无论是90后，还是70后、80后，能够适应数字化时代新要求的人才，还是具备了很多相似的特质。尤其是在做营销这件事上，处在这个变化时代的人需要的能力还是具有共性的。

营销人要具备较强的自学能力

自学能力是一个营销人最应该具备的能力。作为接触市场最前沿的人群，如果不能孜孜不倦地学习新的知识，那将很难继续胜任这项工作。我们在学校读十几年的书，到了最后，真正能用在工作中的书本知识不多，这需要我们在工作中边学边做。在互联网时代，由于知识传递的便利性，学习的门槛其实已经被大大降低了。我们不但可以通过网络获取大量的信息和资料，还可以通过移动互联网等手段利用各种碎片化的时间，随时随地学习新的知识。

我本人就属于微信的重度用户，每天花在屏幕上时间超过2/3是在微信上，平均每天超过3小时。有时候在路上，或者休息时，只要一有时间，就会去朋友圈看看最新的热点、最潮的刷屏内容。虽然在他人看来，这看着像是在“玩手机”，但这实际上是作为一个营销人对周围热点事件和热门话题出于职业习惯的“饥渴和好奇”。这种“习惯”渐渐融入血液里，成为营销人的本能行为。由于互联网时代下，知识迭代的速度非常快，如果不能始终保持对新鲜事物的好奇和对新知识的渴求，那你就会很快与主流话题脱节，变成一个“落伍”的中年人。

不过，我所说的营销人要具备的“自学能力”，还不仅仅是拥有对新知识、新见解的快速获取能力，还要有能力形成自己的知识体系。这好比是我们玩的电脑游戏里主角的技能树面板。游戏人物的每次晋级，都能够获得相应的一个技能点，然后从若干个可选技能里选择一项来提升。不论最终选择的是哪一项，都要经过深思熟虑后才能决定。如果玩家贸然地选择技能来发展，可能会选出来一棵杂乱无章、毫无特长的技能树，最终既无法专攻某项特有优势，又不能通过技能互补相互促进，出现“同样级别却能力低下”的情况。回到自学这件事上，我们每一天所接收到的信息不可谓不多，想要把这些杂乱无序的信息融会贯通不是太容易。我的建议是，在学习某个领域的知识前，如果先能把这个领域的部分基础知识，通过一定的实践消化后形成自己的知识体系，即你个人的技能树。然后，从其他人的观点和见解中选择和你知识体系相符的那部分内容，将其纳入你的知识体系，通过举一反三的方式，慢慢把单一的知识体系分散到不同应用方向，或是从正反面等不同角度去理解，从而形成完整的知识树。比如，你要学习一门乐器，就应该先了解基础的乐谱和这门乐器的基本性能，再通过简单的举一反三练习，形成自己对这门乐器的认知，即你在这门乐器上的知识体系基础。然后，除了巩固练习之外，你可以开始大量了解这门乐器的优秀演奏家提供的经验和见解，不断完善自己对这门乐器的认识和了解。最终，你也可以走出一条完整的适合自己的演奏这门乐器之路。

如果你在学习的过程中发现，有一部分经验和观点暂时和你目前的知识树并不相融，那就说明，要么是对方的实践经历或背景阅历和你差距过大，所以你还无法获得相似的结论，因此，这些知识目前对你的参考意义还不大；要么就是说明你目前的知识结构还没有达到这么强的包容性，还不能让你透过现象看本质，从而融会贯通，这些知识还未到被你纳入自己知识树的时机，你还需要积累更多的实践经验和相关基础知识。在形成自己的知识树之后，并不会限制你更灵活地学习新的知识和经验，而是提供了一种能一边学习一边梳理和归档知识的方法，使得你的学习效率大大提升。

从“时间管理”到“精力管理”

“时间只要挤一挤总会有的。”我们也常常看到很多电影里成功的高管精英们常常让那些要和自己见面的人先与自己的助理敲定日程、预约时间。事实上，就我本人来说，尽管我和我的老板就在同一个办公室里，但是，我要是想跟他沟通超过一个小时，那就基本得提前一个月预约我们都方便的时间。不论是我的老板还是我，事实上我们一天要处理的工作量是很多人的好几倍。而那些效率不高的人都有一个共同特点，就是他们并不按照日程来安排工作和私人时间。

我们这些按照日程表走的人，基本上都知道下一个小时要做什么，哪怕是用来休息的。我们也同样清楚现在在做的这件事必须花多久做完，是否会有延误。长此以往，我们就养成了准时和充分利用每一段碎片时间的习惯。比如，我的老板除了是公司亚太区总裁和法国商会主席之外，还是马拉松爱好者、两个孩子的父亲、派对高手、有情调的商务穿戴达人、中国古董收藏爱好者，并且还为多个非营利组织提供咨询服务。他用了近一年时间学会了基本的中文，并能在公司年会上用中文做演讲。他是一个西班牙人，精通英语、法语和西班牙语。而我个人也可以说是朋友圈中著名的“斜杠青年”，B2B 工业品营销圈到处都有我的身影，主职工作外我还担任若干个互联网公司的顾问、上海市电子商务行业协会副会长、1688 的高级顾问、政府职能部门的专家智囊，出书、演讲、上课也都在有条不紊地进行。

所以，时间管理在互联网时代下，已经成为一项比过去更加不可或缺的能力。时间管理的核心概念应该包含了以下三部分内容：① 学会建立和使用日程表来管理自己的所有时间；② 学会任务优先级管理和碎片时间的合理利用;③ 学会自律和尊重时间。其中第二点我们也可以简单地归纳为两句话：同样重要的,先做花时间更少的事;花费时间相同的事,先做更重要的。正是互联网提升了信息交互的实时性和便利性,使得我们今天的工作节奏变得更加紧凑。比如,微信和手机邮件可以让你随时随地接收到新的工作;视频会议可以免去很多差旅时间。于是,在要求对时间做好管理的基础上,当下时代又进一步向我们提出了新要求,“在管理好时间的基础上,也要管理好你的精力”。

一个人的时间是有限的,一个人的精力更是有限的。我们毕竟不是机器,可以无休止地工作下去。随着精力的透支,我们会变得低效,容易出错,烦躁不安,等等。这些因素都会影响最终的工作结果。原本轻而易举的事,在精力不够的时候,将变得难以企及。做好精力管理有很多技巧和要点,在这里我们只说两点重要的：① 间隔安排优先级高和优先级低、难度大和难度低、趣味性强和趣味性弱、互动性强和互动性弱的工作;② 学会随时随地休息。

以上这两点看字面意思都不难理解,但是要做到并不容易,需要通过长时间的自我训练形成习惯。比如,很多人喜欢一上午排满最重要的会,而且都是非常艰难的沟通会。这其中可能会有个别会议延迟导致这一天剩下的时间安排都被打乱,抛开时间管理不说,单纯从精力上来看,也是对自己的巨大挑战。如果能够在一个非常紧张的会议后安排一个时间和氛围都相对比较轻松的电话访谈或文档处理,就能给自己一个很好的缓冲和蓄力机会。

在随时随地休息这件事上,我们经常会看到那些商务舱的乘客,基本都是一上飞机就立刻拿出眼罩和毛毯,抓紧时间休息。有时,他们可能连飞机上的餐食都不需要,全程不叫任何机上服务而呼呼大睡。他们这种随时随地休息的好习惯,使得他们一下飞机就能精神饱满地投入下一个行程中去。

沟通技巧和领导力

互联网时代下,虽然信息传递的方式更加多样化,但人与人在工作环境下的面对面沟通反而变得更加重要了。首先，因为人与人的工作关系变得更加扁平化，使得原本以行政和经济手段来推动的沟通结果，转而需要更多地依靠个人魅力和沟通技巧来获得。其次，越来越多的跨部门和跨公司，甚至跨界的协作机会，使得我们需要花费更多时间和精力在沟通上，以获得我们需要的资源支持。

我有一次问一个阿里巴巴内部的工作人员关于他们工作模式的问题。他说，其实在阿里巴巴内部职权的划分和部门的界定是非常模糊的。一个好的想法，一个有潜力的商业模式，可以由任何一个部门的任何一个人提出，并且去实践。甚至有时候会有好几个部门同时在做同一个新模式的创建项目，只是选择的切入点和获得的资源不同。这就好比是在阿里巴巴内部建立一个孵化器，利用阿里巴巴的一些公共资源和职能部门来孵化一批又一批有价值的项目。类似的情形不只出现在阿里巴巴，腾讯也有类似的模式。在这类公司里，一项业务的划分，一个提议的发起，都不是由某个部门的“名称和职能划分”来界定的，而是按照谁能够提出好的方案并且执行下去来决定。一旦某个人能够展现出这些能力，并对最终结果有一定把握，人和其他资源就会迅速向他/她靠拢，形成一个团队。不过，当一个项目还没展现出任何可能性的时候，项目发起人就得发挥他的“三寸不烂之舌”来获取启动资源。

除了拥有良好的沟通能力之外，项目发起人还要有强大的领导力来管理团队。对于领导力的培养，有不同切入点。我们可以化繁为简，先从以下两点做起：① 制定清晰的准则和坚持公平的判罚；② 勇于承担责任。我们在做事的时候都要避免陷入个人情绪的困扰，始终保持对事情本身的客观判定，坚持公平公开的原则。在互联网时代下，依靠信息不对称或者建立小圈子来获得威信已经是不可能的了。你能拉一个小群，别人也可以。我们要学会使用“阳谋”而不是“阴谋”来建立自己在团队中的威信。在公司里，我们既不要主动策划一些为了一己私利，用上不了台面的政治斗争来排挤他人，也不要害怕陷入任何一次和你的原则相抵触的摩擦和矛盾中，可以此来提升你的个人威望。

随时随地具备风险意识

所谓“初生牛犊不怕虎”，是指在做事的时候那种不计后果，不怕失败，勇往直前的态度。这个态度本身未必有错。但是，一个成功的营销人员也应该具备良好的风险意识。原因很简单，一个成功的团队，或是一个成功的人，都应该更熟悉“成功的滋味”而不是屡屡体会“失败的滋味”。这件事已经无关乎那些因为失败的结果可能会造成的经济损失，而是关乎团队士气和团队成员精神层面受到的伤害。

互联网时代创业资源的获取，不管是市场信息，还是团队建设，甚至是资本对接等，都要比以往更加容易。这也使得开始去做一件事要比从前简单得多。我碰到的一些年轻的90后创业者，已经是第二甚至第三次创业了。我在感叹他们百折不挠的毅力和越挫越勇的精神的同时，也担心出现“一鼓作气，再而衰，三而竭”的情况。成功是属于成功的团队的，一个总是在成功前徘徊的团队，最后很可能会丧失走向成功的可能性。一个人的内心要多强大，才能在不停失败之后还能获得再站起来的勇气呢？因此，保持对风险的敬畏，避免自己和团队成员过多体会“失败的滋味”，保持锐气，才能坚持到最后。

提升自我营销能力

我常说，每个营销人要营销的第一个产品就是自己。如果连自己都不能营销好，又何谈营销其他产品。有时候，能够把自己包装好，扬长避短，也是一种能力。哪怕你的五官并不是那么“英俊和美丽”，但是通过得体的衣着搭配和良好的体态仪容，使得自己看上去精神饱满，容光焕发，让人感觉赏心悦目也是需要相应的能力的。

当然，我们并不是提倡大家都要去微整形，然后每天浓妆艳抹，花枝招展地去见人。我们所说的“颜值”，其实是说你塑造和表现出来的个人形象和外在气质，是一项可以管理的“内容”。很多颜值看上去不错的人也都比较有自信，心态也比较阳光，这才是在颜值之外真正让人感觉舒适和印象深刻的关键。美丽是由内而外的，但同时也是由外及里的。外表的优势会让你更容易被认可，从而使得你内心表现出来的自信和笃定更加容易感染到别人。

战略思维和跨界思维

格局决定成就的高低。这里的“格局”指的是个人站在自身位置上具备的大局观或全局意识，也即“站得高，看得远”。如果一个人还没有站得很高，但又想要看得远，就要靠格局了。一旦有了大格局，看得远了，自然可以更早地做好计划，以从容应对随时出现的变化。把格局观转化成思维能力，就要具有战略思维和跨界思维的能力。我们已经看到了许多优秀的企业，如诺基亚、柯达都不是被来自行业内的竞争对手打败的，而是被那些之前从未出现过的跨界对手给踢出局的。即便是互联网企业，也不例外。比如，正当滴滴感觉自己打败了一个个竞争对手，慢慢垄断了出行市场，可以高枕无忧的时候，突然之间，原本做外卖的美团和做地图产品的高德，甚至做旅游产品的携程也要进场厮杀了。如果你还是习惯于局限在原来的行业生态圈里去做你的市场策略和公司发展规划，那么，那些意想不到的跨界竞争者就会给你一个措手不及的打击，让你瞬间陷入绝境。这就是为什么互联网是打破所有传统行业间壁垒的最大的不确定因素。

曾经有一个职业经理人跟我说过：你在做一件事的时候，如果你只是想着把这件事做好，那你可能连这件事也做不好。但是，如果你想的是怎么在做好自己这件事之前先帮对方把他的事做好了，那你可能两件事都能同时做好。这就是所谓格局的大小，或者战略思维的高低。提升格局的关键在于不要只在意眼前利益，和你眼下的这个小小的职位的权益。而是先从大局出发，找到那个对所有人都有利的方向和目标，再从战略上把自己的小目标捆绑在这个大目标上，变成同一个目标。当你制定的大目标都有眉目的时候，那个小目标也一定是手到擒来的事儿。那是因为你当下所在的平台和平台上的资源，已经早就不是当初为了完成那些小目标而搭建的了。

所以,曾经的首富王健林提到的“先挣它一个亿”的小目标。大家听了,都觉得把赚一个亿当作小目标是很夸张的事。事实上,当你准备好建一个足够赚一百个亿的平台时,赚一个亿确实是一个很小的目标,前提是你有没有这么大的格局看到这一切。我有一次和喜马拉雅创始人余建军同台参加圆桌论坛的时候,听他讲到自己在第三次创业前花了很多时间去思考自己要做什么。最后,他认为自己一定要做一个拥有上亿用户的互联网平台。于是,他后面的创业之路上就聚焦于这个目标来做决策。很多看上去不错的想法和项目都被他否定掉了,并不是因为那些项目不赚钱,而是因为它们做不成“上亿用户的互联网平台”。在这个过程中,很多人因为不理解而离开了他的创业团队,他也经历了别人难以想象的困难,但他坚持着这个目标,并且最终获得了成功。要是反过来看,如果他当时的创业目标就是做一个能赚钱的互联网创业项目,那可能也就没有今天的喜马拉雅了。

能对自己狠的人才能成功

每次被邀请去讲我当年在 ABB 是怎么把电商做出每年几倍增长的经验,我都会提到一句话:互联网时代,想法不重要,重要的是如何把这些想法落地。前面所提到的这些能力能发挥作用的基础和前提是你能够很好地管理自己。自制力和执行力是最基础的能力,但也是最难的。我一直很欣赏那些把自己身材保持得很好的人。尤其是到了中年之后,如果这个人还能够不发福,还能有一点肌肉和线条,那一定是自制力和执行力都非常强的人。因为大家都能想象得到,在这个“好身材”背后,自制力的重要性。谁都喜欢美食,也都觉得在有诸多理由的情况下坚持早起锻炼或下班健身是一件很难的事。要做到这些,必须得有相当强的自制力和执行力。

我有时候听一些已经在圈子里有一定江湖地位的大佬们讲述他们自己是如何给新入职的员工“洗脑”的,他们常常会拿自己来举例,说自己年轻的时候如何没日没夜地工作,或是怎样憋着一股劲完成一项不可能完成的任务。最后的核心意思就是,你看我对自己都那么狠,你觉得我对你会不会狠得下心。其实,这句话没错。一般对别人要求高的人,对自己要求也比较高。自身执行力强的人，也会就他人的执行情况给出明确、细致的要求。相反，如果一个人连自己都管不好，约束不了，又怎么能够管理好整个团队，并且对整个团队负责呢？有自制力的人未必一定能成功，但成功的人一定是有自制力的，只是他们的表现有所不同。想想那些明星，每天吃的减肥餐和在健身房里流下的汗水；想想那些博主，每到一个地方就不知疲惫地摆出笑容拍照，挖掘热门打卡点，随时和粉丝互动；想想那些已经成为亿万富翁的人每天5点起床锻炼，以保持充沛的精力……如果你能做到给自己定下的目标，哪怕只是从一点一滴的小进步开始，那么你也一定能在将来获得更大的成功。

06 对外视角：一个好的工业品营销人必须先懂得“做生意”

其实，我对当下的数字化营销界总是拿 ROI（投入产出比）来考核营销渠道和营销活动的优劣也觉得不甚合理。广告，应该就是广而告之。如果只选择那些很有可能买你东西的人作为广告对象，那就不是广告，那叫推销。当然，随着数字化营销时代的来临，推销和营销很多时候已经没有清晰的界线了。这里既有技术和平台模糊两者边界的原因，也有一些人刻意为之的因素。毕竟，推销出去的是实实在在的订单，而营销得来的只是一个推销机会而已，孰轻孰重，大家各自明白。

靠取巧钻空子的营销越来越难做

随着国家对广告监管力度的增强，对于广告主的干预和管理也越来越多。那些一时间用小聪明占了点小便宜的投机者，也免不了要被秋后算账。比如，有个椰汁品牌的包装设计在营销界一直被奉为“神作”，还获得过日本著名设计师的认可。它没有用任何专业绘图软件，而是用 WORD 直接合成的。相比粗犷不羁的广告设计，那句“从小喝到大”的广告语和 20 世纪 80 年代 MTV 风格的广告片，更是引起了热议。不过，它最终也难逃监管部门的法眼。

在写书的这段时间里，我也看了不少营销商家给我的数字营销报告。报告中列举了一堆数据，总体走向就是数字营销正在变得越来越难。除了那些已经形成了垄断地位的数字媒体平台，其他的基本都是“苦主”。在以传统媒体为主的那个阶段，品牌方投放广告后还能跟自己的户外广告牌合个影，刷一下存在感。现在连电梯里的广告屏都换成了电子的。也许，你在自家公寓的电梯里上下十次，也不一定能看到自己公司投放的那个广告。当然，广告制作方可以坦然地告诉你，那叫精准投放，结束后再给你一个监测报告和媒体投放价值评估，用数据让你没话说。不过，仔细想来，总感觉哪里不对。自媒体和KOL越来越强势，再加上这几年税改后，银行和税务系统打通，社保监管严格，那些主营广告代理的公司日子也不好过。

国内外的数字营销经验并不通用

国外有非常成熟的数字营销产业，大多数企业在营销部门都设有营销自动化的岗位。但是，在中国，由于BAT等大型的互联网巨头对自有平台数据的保护，事实上往往是若干个数据孤岛通过一系列第三方提供的非官方手段在做一些碎片化的打通工作。这样做出来的数据池无论从精准性上还是从使用效率上都无法满足真正的“营销自动化”需求。一方面，确实有许许多多的数字营销公司号称自己有什么样的渠道获得各种精准的数据来帮助企业对不同人群进行画像；另一方面，这些数据别说用在工业品这种对个人的画像非常难以界定的行业，即使是消费品行业，也是不同平台只能在其自己的数据营销生态里有所作为。比如，“阿里系”就是在电商站内和它收购的一部分平台上做人群画像和广告投放。“腾讯系”就是利用它的社交数据标签来做各种腾讯旗下平台的展现和推送，最后的转化结果往往并不如人意。所以，拿一些软件和网站的使用数据，打通一些APP的开屏广告和横幅，然后整合一套逻辑就来说能帮你提升业务的，基本上在中国都不太靠谱。在中国做生意，尤其是在B2B工业品行业，这里面的规则不是用一两套逻辑和算法就能总结出来的。

现在做营销、做广告已经只是做生意的一部分了，是因为要做好生意，才会去做广告；而不是因为做了一个好广告就一定能做好生意。更何况做一个好广告也并不容易，一个好广告的影响力又能有多久？会做广告前先学会做生意这个道理，在消费品行业里，即使大家并不是当作一个“金律”去遵循，也会自然而然地体现在日常工作中。为什么呢？因为那些营销人员自己就是消费品的客户，他们会亲自体验消费品，如果他们自己能接受，那他们的客户也不会不喜欢，至少不会讨厌。

懂行的和不懂行的差不少

那么工业品行业的情况是怎样的呢？有多少营销人员有过一线销售岗位经历，有多少人知道自家的产品是怎么卖出去，用到什么样的现场，那些蓝领工人又是怎么评价产品性能的，经销商是如何赚取利润的？我觉得大多数营销人未必知道。事实上，营销人是否懂行对最终的营销效果的影响还是很大的。我跟我们一个有十几年行业经验的总经理聊天，就获益匪浅。在谈到我们的一个产品时，他就说到两点在我看来是很核心的内容：一是用我们的产品工人干活不累。他说，“刷墙这件事，大家没干过的话，这里面的感觉很难量化传递，但是大家肯定也许玩过橡皮泥。有的橡皮泥干湿正好，容易捏，又容易成形，你捏半天手指也不累。你们的产品就是这样。工地要是使用你们产品的话，工费可以每平方米少 5 毛”。这就是一个很重要的，要到一线才能得到的信息，而不是从样本上，或研发人员，或产品经理的邮件里看出来的。二是我们的产品工艺学起来比传统产品要简单，上手快。如果用传统产品，一个熟练工起码要三年才能出师。但是如果用我们的产品，3 天就可以让一个新工人在工地干活，门槛很低。那些刚进城的小伙子就算没有基础，来了也能干，还不怕他甩手不干。这样哪怕产品价格稍微高一点也比遭遇用工难要好。这些都是生意经，而不是广告上的学问。但是，你要是知道了这些，在建材市场或者工地旁立一个广告牌：××产品，三天上手刷墙，挑战三年工龄老师傅。也许比你想破脑袋去研究怎么通过《王者荣耀》植入广告要好得多。继续说回刚才的话题，广告是为做生意服务的，而做好一个广告并不代表就能做好生意。练武的人还要不断演化招式，你靠一招鲜，真能吃遍天吗？即便是营销上说的客户洞察，也要源于对生意的了解。

我想跟大家分享的观点其实是：你要做好广告这件事，就得先有做好生意的准备。如果你只满足于真正做生意的人偶尔给你的那一次推销机会的小目标，那最后你一定是很难做好广告的。因为有的广告本身不算好，但是对做生意有帮助，你需要必须认清这一现实并且接受它。

07 行业视角：工业品营销人如何面临“技能下沉”的趋势

写这本书期间，我看到过一篇引起圈内热议的帖子。文章说的是从事市场营销工作的职业经理人们，要随时做好技能下沉的准备。当时，一位在工业品企业做营销总监的朋友在看完这篇帖子后首先表示松了一口气，因为他做了那么多年的营销工作，从他个人角度来看，这技能似乎就从来没有上升过。回想起来，他在市场部待了这么多年，自认为拍过的最“华丽”的一个大片，就是用手机给老板拍了30秒的视频，然后用手机APP剪辑后发给了某家不知名的互联网公司，作为它们开业庆典宣传片内容之一。当时，视频完成并发布后，他一度觉得非常兴奋。直到他把视频来来回回地看了3遍，才发现自己辛辛苦苦求着老板“拗造型”做出来的30秒视频，最终变成了一个一闪而过的镜头，前后仅3秒钟。不过，这么多年下来，能作为一个企业市场部的老大生存下来，哪怕是在工业品行业，无论技能再怎么下沉，也应该还是有一点“硬”技能的。这些技能可能听上去跟B2C消费品行业的市场部老大们常常挂在嘴边的那些技能不太一样，接下来我来给大家介绍一下我们工业品行业营销人需要的技能有哪些。

技能一：始终保持亲和力

即便是保持微笑，也可以分很多种不同的笑容。对上司要自信地微笑，对同事要友善地微笑，对客户要职业地微笑，对下属要有迷之微笑。无论碰到任何情况，你都要记住，作为一个跟人打交道的工作，市场部就是内部沟通的桥梁，不会微笑就等于先输了一半。

技能二：用目标对象的语言来和对方沟通

如果你的工作范围是在中国，那你一定学会要讲一口流利的普通话，最好能说几句粤语、四川话、上海话以及东北话。这样能让客户觉得你是一个接地气的人。尤其是对销售而言，“乡音”特别容易拉近与客户的距离。当然，口音是次要的，关键是与客户能在一个频道上沟通，对上“口形”。对于大多数一线销售人员来说，市场部的人一般是在公司里负责“写书”（花团锦簇的 PPT）和“说书”（开会时眉飞色舞地演说）的角色。所以，如果销售觉得你不接地气，听不懂他们的“行话”，那你说什么都是白说。也许你确实不是销售出生，也没干过一线工作，那你至少可以多学点行业术语，说不定也能博得一点好感。

技能三：善于通过会议来协调各方

在公司“约会”可是一项需要超高技巧的技能，能约到会，起码代表你有机会去“游说”。“约会”有三大技巧：一是胆大；二是心细；三是脸皮厚。听上去，这些技能跟谈恋爱的“约会”技能是一样的。事实上还是有差异的。所谓胆大，就是上到 CEO，下到基层员工，没有你不敢约的。所谓心细，就是懂得借力，往往参加会议的人都会看你拿着什么“令箭”，有哪些部门和人员被邀请参与，自己的老板有没有被抄送通知，大老板发表了什么意见。这时候，会议邀请的措辞，预先沟通的对象，从老板那里半借半偷的“令箭”就是你成功的关键。脸皮厚，那就不用多说了。反正你每个月、每个季度都邀请那些人参加，第一次有的人不来，第二次有的人还是不来，你接着邀请。至于平时在公司里，抬头不见低头见的时候，不管对方来不来参会，记住我们说的第一条技能——随时随地保持微笑。

技能四：了解大众的审美偏好

市场部做出来的东西可以没有用，但是绝对不能看上去很丑。如果说销售部代表了一个公司最高的“忽悠”能力,那么市场部就代表了一个公司最高的审美能力。从每一份工作汇报的演示文稿,每一个市场部员工的日常穿着搭配,到每一次设计定稿的海报,甚至是每一个市场部员工的朋友圈推送消息,你都可以看出这个人有没有在市场部工作的天赋。

技能五: 持续学习新知

也许,市场部的员工是一个公司里知道东西最多,但又是最不深入的一个群体。这可能是一种缺乏核心竞争力的表现,但你如果利用好了,它也可以变成一种优势。比如,你可以利用各种各样的交流机会,尽可能地去接受和学习新的东西。然后,你需要能立刻把它们消化,哪怕很粗浅,但可以现学现卖地批发给那些可能压根儿不知道这些东西的其他部门同事,让他们对你“肃然起敬”。如果你过分依赖和看重你的某一项知识技能,比如,你的技术能力,也许你会沉迷于其中,从而失去了接触更多能触发你其他潜在技能的机会。而这些潜在技能可能正是你因此而变得与众不同的关键。

技能六: 学会精力和体力管理

关于精力和体力管理的重要性和方法,前文已经详细说明了,在此不再赘述。希望营销人要是懂得适时地放空自己,抓住适宜的机会补充体力。

技能七: 善于总结和陈述自己的工作内容

工业品营销的工作,三分靠做,七分靠写。如果不会包装自己,又怎么能指望你去包装那些怎么看都差不多的产品和业务呢? 向不同对象汇报,得用不同的报告,这恰好对应了内容精准推送的能力;深入浅出的演示文稿和图形化的呈现方式对应了高超的文案技巧;避重就轻的陈述对应了制定差异化产品市场策略的能力;深思缜密的行动计划和振奋人心的预期效果,再配上一份看上去怎么都显得超值的预算,又说明了你对“消费者”心理的把握能力。作为一个资深的营销人员,公众演讲是基本功。无论何时何地,只要打开报告宣讲的那一刻,我们就要全力以赴。

技能八：建立良好的关系网络

俗话说"多个朋友多条路"。作为市场营销人,不论是在公司内部还是公司外部,都应该尽量处理好你的关系网络。市场部的主要武器是"忽悠",无论对内还是对外,平时多"忽悠",用时多朋友。

08 财务视角：工业品营销部门没人、没预算，怎么出结果?

工业品公司营销部的管理者平常见面了就开始抱怨,在公司里自己得不到人头和预算,工作很难完成。那为什么很多营销或者数字化岗位的设置就是“光杆司令”呢? 我们又怎么在这种“没人没钱”的部门里做出预算呢?

“预算制”和“非预算制”岗位

事实上,一般公司内部都分成“非预算制”和“预算制”两种岗位。而许多公司数字营销工作在现阶段就恰好是属于“非预算制”的岗位,也就是前面说的“没人没钱”的岗位。

那么,什么是预算制岗位和非预算制岗位呢? “预算制”岗位的典型特征就是提出一个目标,然后要钱要人。但是,人和钱给你了,目标就得完成,否则就要拿你“问罪”了。“非预算制”岗位的人平时并没有实际的目标设定,也没有规定要参与完成的任务。实际上,“非预算制”岗位的工作就是把别人在做的工作“拿过来”做,然后做出比原来更好的效果。这个“拿过来”,并不是说全盘替代,而是贡献你的能力,形成更大的优势,从而提升整体效率或取得更好的结果。可想而知,计划周全是一回事,冲锋陷阵又是另外一回事,不然也不会有纸上谈兵这个说法。所以,“非预算制”岗位如果真的要把自己做成“预算制”岗位,其实是一种失败风险很高的策略。

如何做好“非预算制”岗位职责

如何做好一个“非预算制”岗位的工作呢？记得我当年刚刚到圣戈班公司的时候，除了一个“首席”的头衔，手上没有一分钱预算，没有一个兵，也没有一个决定需要我点头通过。那么，我是怎么在一穷二白的日子里慢慢熬出来的呢？

要做好“非预算制”岗位的第一条守则就是要有和“预算制”岗位一样的使命感。大多数“非预算制”岗位被人诟病的第一条就是让人感觉是“站着说话不腰疼”。所以，一个没有带过兵打过仗的人，千万不要觉得带兵打仗是一件只要万事俱备，就手到擒来的事。有不少公司的某些岗位的主要工作就是做演示文稿和报告。不少员工在把演示文稿播放完之后，且不说这个报告做得好不好，有没有用，他们可能认为自己的工作就已经完成了，可以开庆功宴了。其实，真正的工作才刚刚开始。不要认为指标不是在你头上，军令状不是你立的，你就可以漫天找数据定不切实际的计划。所以，“非预算制”岗位要获得认可的最好方式就是先把自己当作“预算制”岗位的一员，即把这个军令状（指标任务）也放在自己头上。大家有了共同的目标和压力了，自然就能真正走到一起。

要做好“非预算制”岗位的第二条守则就是不要主动去争抢功劳。很多“非预算制”岗位的人往往是开始出方案时就一套一套的，也不管是不是切合实际，反正就把自己听来的、想到的、借鉴的都一股脑儿地堆放到计划里。接着，要开始落实的时候，他就不见了。如果事情做失败了，那时候他一定出来“围观”，顺便说说自己的“先见之明”；要是事情快做成了，那么他凭借着跟老板走得近的优势，第一个去向老板邀功。这是“非预算制”岗位的大忌。我常常在很多同行交流的场合听那些从事“非预算制”岗位工作的人吹嘘说自己帮公司实现了多高的销售额、多好的利润率等业绩。这些事真的全跟他们有关吗？或者说，这些事是仅凭他们一己之力做成的吗？所以，认清“非预算制”岗位的本质，不要去和“大统领”争功劳，当然比比“武力值”还是可以的。

做好“非预算制”岗位的第三条守则就是要有耐心。很多时候，在公司里并不是所有的事都是“应该”如何的。有一些事情，明明看着都对，但因为牵涉的利益方太多，有时候就是解决不了。所以，一个善于把握机会寻找突破的谋士一定是有足够的耐心，倾听、了解、学习，然后等待最合适的时候提出自己见解的人。如果第一步还没达成，就急着走第二步，那么很有可能因为这一次的“缺乏耐心”就可能让你永远失去了机会。

其实，公司里大多数的新职能、新项目，都是从“非预算制”开始的。往往公司对很多“非预算制”岗位的要求比“预算制”岗位更高。因为“非预算制”岗位不仅要做成一件事，还要证明现有方法比原来的方法和模式更好，这样才有机会慢慢获得预算，变成一个“预算制”的岗位。现在大多数工业品公司的数字营销部在做的都是推动企业销售资源的重新分配和市场策略的变革，而变革一般都是从“非预算制”开始的。所以，如果要真正做好 B2B 工业品营销的工作，就一定要认清自己现在所处的“非预算制”岗位的现状，扬长避短，以获得最后的成功。

09 职业视角：如果我仅有 10 万元市场营销预算，该怎么花？

前一章我们了解了“预算制”岗位和“非预算制”岗位的差异和不同应对策略。那么，如果说“预算制”岗位真的没有需要“非预算制”岗位做的事，或者“预算制”岗位能拿出来让“非预算制”岗位花的预算很少，比如一年只有 10 万元，那该怎么办呢？

原本设想的年度预算计划

终于到了一年一度准备预算的时候，作为市场总监的小王也满怀期待地把在各种峰会上听到的干货整合成了一份有 44 页内容的年度营销计划。他自认为这次一定能从老板那里要到一笔可观的预算。这个营销计划包含了小王从各行各业精英那里收集而来的各种真知灼见，可谓包罗万象。老板很快看完了小王的计划，然后语重心长地说：“小王啊，你为公司的品牌建设和市场营销做的策划真是用心良苦。可是你也知道的，我们公司经费紧张啊。每年销售请客户吃喝要花个把亿，开大大小小会议又是七八千万。公司领导要求我们必须去展会露脸，参展费一年年只涨不跌，也得好几百万，现在是真的是没预算了呀。小王，你看能不能克服下，10 万搞定，我看好你哦。”

即便预算不够，也要做好该做的事

那天晚上，小王久久无法入眠，脑海中一直在想，作为市场总监，明年拿着10万元预算，该怎么做？思考了一晚上，终于有了一点眉目。

第一，全职的新员工是不能招了，但是可以找个实习生。如果实习生是本科生，还可以找2个。按一人一天200元算，一周工作3天，一个月最多也就12天。其中一个人写公众号推文，一周一篇，顺便更新网站内容。这件事需要耐心和细心，所以最好找个女生。另一个实习生需要做两件事，一是人工建“外链”，也就是拿着各种关键词在别人家的网站上放豆腐块文章，然后做链接，链接到自己公司网站上。只要是与行业相关的热点文章都可以转，顺便链接到公司网站上，在没有预算做SEO（搜索引擎优化）的情况下，那就先求数量，以后再求质量。

第二，全力维护官方微博和知乎。对于这两个社交平台，其实做法和微信公众号不一样，首先要经常去登录，了解热点，其次要能够和粉丝互动。如果是维护微信公众号，更多的是单方面的交互，先想好了要推送的内容和时间，到时间发出去就好了，剩下的就是要花心思和留言区的粉丝互动。相反，微博和知乎这两个都是互动性比较强的平台，需要花时间“泡”在里面，找到可能会成为热点的潜在话题和问题，然后等待时机跟着一起“蹭蹭流量”。如果只能招到一个实习生也可以，去掉前期面试招聘和实习生请假的时间，满打满算也能干8个月，一年不到2万元，差不多可以搞定“内容”的生产和自媒体基本维护。当然，前提是必须由总监手把手教，并且时不时要亲自上阵去当替补。

一些人认为，当前在数字营销上获取流量是非常贵的。不过，这只是部分一线城市营销人员的片面认知。因为中国足够大，大到不论是京东还是拼多多都有足够的细分市场支撑它们的发展。在这个市场里，既有肯德基、麦当劳为了迎合本土消费者的需求从西式快餐做到中式面点，也有华莱士仅靠一块炸鸡开遍众多小城市的闹市区。当年，eBay买断了所有的线上媒体，想让阿里巴巴即使拿了风投的资金也花不出去一分钱做广告，但阿里巴巴还是让偌大的国际巨头eBay铩羽而归。所以，我们还是要到群众中去，到三、四、五线城市去寻找机会。

如果你在三、四、五线城市的商场里，做个地推活动让大家扫码，还是会有许多人出于好奇举起手机扫码的。如果再放个娃娃机，只要微信加关注就可送 3 次抓娃娃的机会,然后每转发一次,再送 2 次抓娃娃的机会。两个妈妈带着三个孩子,一下午或许就能增加 100 个粉丝。不要说这些粉丝没有用,你并不知道这些城市的人是怎么消费的。如果恰好有一个具备一定消费能力的人通过加关注了解并购买了你们公司的产品,那么他身边的朋友也会跟着买。以前跟在京东工作的朋友聊过他们在小城市的市场开拓策略。他们当时特别成功的方法就是通过“扫楼”扫中了一家住户购买了他们的家电,那么这栋楼的邻居们也会来他们的店买东西,而且买的是“隔壁家同款的”。从现在的一、二线城市的房价情况来看,那些三、四、五线城市的年轻人相对有更多的可支配收入。做这样一次推广活动,包括差旅费、请商场保安和物业经理吃饭的开销,再租个车放放物资,然后再从网上买些物美价廉的小礼品,大概 5 000 元。如果有 5 万元的预算,一年可以搞 10 次。我们就选距离自己所在城市 800~1 000 公里的小城市,这样往返两三天时间就够了。如果现场再来些小游戏和抽奖之类的活动环节,每次应该能增加 5 000~6 000 粉丝数。这样,微信的“加粉”任务就算基本完成了。如果之后推送的内容不是太生硬,再不时地给粉丝送点福利,应该不会失去太多粉丝。

那么,还剩下 3 万元预算干吗呢?做 B2B 工业品业务,如果你只有很少的预算可以花,那就花在与产品相关的营销渠道上,因为产品是客户和你沟通最主要的渠道。比如,你可以想办法做点漂亮的不干胶,并在不干胶上贴上“如果您打不通我们公司的服务热线,请关注我们的微信公众号并留言您遇到的问题”,将不干胶贴在公司所有产品的外包装上。我想还是会有人来关注公司的公众号,这时你应该能去向老板申请追加预算来解决这些客户提出的问题。

其实,营销这件事,不花钱是肯定做不了的,但是有时候花了钱,也未必做得好。圈内有句名言:营销内容常常只在营销圈传播。很多我们认为花得值的钱,未必能让信息传达至真正的客户。

有的人说,只有 10 万元预算的市场总监没法做。但如果你连 10 万元预算都不知道怎么花,那又怎么能确保把 100 万元甚至 1 000 万元预算花到实处呢?营销本来就是一门把有限的资源配置到能实现最大回报的地方的学问。

10 战略视角：工业品营销人要学会把握时机

正如前文所说，一个营销总监可能只有10万元的预算，该怎么花？在大多数工业品公司里，营销部一直是一个存在感比较弱的职能部门。所以，它们得到的资源也不是太多。对于有限的资源，当然要做好策略性的安排。下面我们用营销人熟悉的方式来说说工业品营销人在有限的资源下，面对各种选择时，如何把握好时机。

策略一：时机不对，请耐心等待

通常，我们有新产品进入市场的时候，面对未知但却较为成熟市场时，就会碰到这样的情况——“坑满了”。似乎除了等待，等着竞争对手犯错离场，我们也别无他法。这时候，你要考虑的是你等待的每一分钟都会从“机会成本”变为“沉默成本”，导致你采取“Plan B”的可能性越来越小。你要记住的是，越晚等到“坑位”，你能“享受”的时间越短。换言之，即使你成为合格的市场玩家，但若市场走下坡路了，你所能获得的利益也会迅速缩水。另外，作为新进入者的你，要考虑离场者离开的原因和当前的市场状况，毕竟，谁都不想跳进一个“烂坑”去做接盘侠。

策略二：利用“要约与收购”马上进入

如果你拟进入的市场窗口期非常短，入场对你而言又是战略意义上非常迫切的需求，该怎么做？这时候，时机就是最重要的。你可以付出一定的代价来获取入场的机会，只要是你能承受的。比如，实行收购要约，即从市场上买一个现有的玩家位置以进入游戏。

策略三：谨慎选择“备胎”

连华为每年都花大价钱养着“备胎”，以避免因为发生意外事件而对公司造成重大影响。更何况我们在做营销计划的时候，更需要一个随时可以用来过渡的“B 计划”。不过，对于“B 计划”的选择我们也一样要谨慎。比如，有一天我跟家人去吃饭，席间女士们结伴去卫生间，等了好久都没回来。一问才知道，原来，她们在卫生间排队的时候，队末突然来了一个阿姨说：“人这么多啊，也可以去楼上的卫生间。”她们一听，顿时觉得有道理，毕竟楼上没有什么热门餐厅，人流量小很多。于是，她们立马结伴从长长的队伍尾部退出去了楼上。结果到了楼上却发现门上挂着“厕所维修”的牌子。等到她们再下来的时候，看见阿姨正一脸得意地在洗手。适时选择放弃原来的计划，并选择其他市场的进入，做到及时止损并没有错，但是一定要三思而后行。有时候，当你决定要放弃一个你原本打算进入的市场，寻找一片新的你以为可能是蓝海的市场时，可能那儿的竞争已异常激烈且很快要结束战斗了。

策略四：以不变应万变

有时候，某个时机看上去固然很好，但其实这样的时机并非是唯一的。如果执意要在那个时机入场，可能要花费巨大代价。反之，我们可以退回位子上继续等待。前面我们说过一种策略，就是等待，但等待也是有成本的。从营销角度上来说，就是继续固守自己的主业，保持观望状态，同时等待时机。所谓不鸣则已，一鸣惊人，大概也是这个意思。因此，及时认清现状，撤销原来的计划，另觅时机也是一种成熟的市场决策的表现。

策略五：“以力破局”

忽视既定的规则，选择“以力破局”，一般“以力破局”都要求破局者拥有绝对强势的实力。比如，内心足够强大到可以忽略“尖叫与谩骂”。要知道，“以力破局”不等于不计后果的鲁莽行为，它需要认真考虑得失，全面评估可能的风险，并做出合适的预案。

营销人做决策要学会看数据而不是靠感觉

事实上，在营销这件事上，那种冒险游走在规则边缘去尝试的情形天天都在发生，看似是“以力破局”，其实是不计后果的鲁莽行为，我们心存侥幸地认为小概率事件发生的可能性太小了。概率这个事情很有趣，有时候计算出来的概率结果会和你靠感觉认知的差异很大。我们日常在做大多数决定的时候并不算概率，也不看数据，而是靠感觉。所以，才会有那么多对营销的不同见解，因为每个人的感觉都不同。不过，营销策略这件事，真的不能只靠感觉。作为一个营销人员，要懂得看数字再说话，要保持冷静、客观的态度，不要跟着其他人一起拍脑袋，否则你就真的没有什么优势可言了。无论外界有多少干扰，都要记住保持足够的耐心。

第三部分
新商篇

电商作为当下工业品营销人不得不学的“一门课程”，也已经成为众多工业品企业招募营销管理者的一个重要考核标准。营销人不再是只要懂得如何把客户吸引过来就可以，还要能够管理之后的销售转化，并且利用多平台的不同优势，做好合理的成本投入计划。

01 大势所趋：中国 B2B 工业品行业电子商务发展现状

从 2012 年阿里巴巴内贸平台 1688 开始允许在线交易开始，中国 B2B 电商正式从 1.0 版黄页时代，即信息平台，升级转型到 2.0 版交易时代。这一次升级对此后工业品电商发展的影响深远。一系列 B2B 垂直电商平台的出现和一些收费信息平台的迅速扩张都与这次 1688 平台的业务调整有着重要的关联。虽然 1688 平台自称从 2018 年开始又从 2.0 版交易平台转型为 3.0 版内容和营销平台。但从结果来看，平台转型后并没有很明显的变化，无非是一些流量线上线下的互动和有更多的广告资源出售。比如，原来的主搜拥有 2~3 个广告展示位变成了将近一整屏的位置。所以，从根本上说，1.0 版到 2.0 版的 B2B 电商平台升级是目前为止最重要的转型升级。而 B2B 工业品电商严格来说还是应该算处在 2.0 版线上交易时代，即结合零售电商和信息平台两者功能的综合型交易平台。

那么，在这一波 B2B 电商转型升级的浪潮中，到底哪些行业、哪些企业在风口浪尖中获得了更多的成就，我们不妨一点一点来细细解读一下。

从无到有的工业品电商

如果要谈工业品电商，那一定要先说说阿里巴巴这家公司。它旗下的 1688 平台是国内最大的 B2B 工业品综合线上交易平台，拥有过亿的用户，且 70%来自三线以下城市，其品牌站中拥有 300 多个工业品一线大牌。而这一切源于马云的一句话——“让天下没有难做的生意”。

一个公司的成功未必只是因为创业者的愿景宏大，但是一定会因为愿景的格局太小而陷入瓶颈期。阿里巴巴就是很好的例子。或许现在这么说有点事后诸葛亮的嫌疑,但是相比于其他竞争对手要做一家世界级的电商领先企业,或者要做一个百亿级乃至千亿级的行业数字化变革者的愿景,“让天下没有难做的生意”这一当初看上去略显浮夸的愿景,在今天的工业品电商人看来倒是真真切切地“接了地气”。

B2C 电商在中国蓬勃发展了近 20 年,并随着亚马逊的黯然离场而进入平稳发展的阶段。B2C 电商的重要贡献之一就是解决了个人消费的信用问题。马云在阿里巴巴上市路演时就说到了一句话,两个相隔千里完全不认识的陌生人可以通过互联网取得信任并完成一项交易是一件神奇的事情。我个人把这件事定义为是一件伟大的事情。

从物资匮乏的年代开始到改革开放后的蓬勃发展,“渠道”在中国商业发展中扮演了极为重要的角色。“道”可以理解为销售通路,而“渠”恰恰印证了在信息不对称的情况下所形成的错综复杂的沟壑,引导着供销两端找到彼此。品牌方尤其是产品性能卓越的外资品牌依靠渠道打开了中国这个巨大市场的大门。而中国的用户,不论是身处一线城市,还是农村,也因为有了这些渠道商的存在,可以购买各种优质的产品。

因为信息不对称背后有巨大利益的存在,导致各种仿冒、翻新产品层出不穷。品牌商也为了能覆盖更多的市场而不断给渠道商更多的支持,却慢慢被渠道商屏蔽在市场的真相之外。一直到互联网的兴起,中国传统贸易和零售市场有了新的发展契机,一个不再利用信息不对称牟利,而是依靠真正差异化的产品和服务来赢得客户的时代到来了。在中国,B2B 工业品电商几乎与 B2C 电子商务在同样的时间起步,但 B2B 电商的发展远落后于 B2C,在未来几年 B2B 电商能否赶上 B2C,这其中我们需要像 B2C 电子商务一样来解决关于“信任”的问题。

我们都知道,目前国内最大的 B2B 电子商务交易平台就是阿里巴巴 1688。它几乎占据了中国 B2B 第三方电子商务平台所产生的利润的一半,拥有百万商家和上亿用户,也是现今为数不多的允许在线交易的综合性 B2B 第三方电子商务平台。到目前为止,1688 诚信通的会员已超过 100 万家,非认证企业用户近 3 000 万家,这也意味着全国 7 000 多万家中小企业近半数在1688平台进行交易。几乎所有的B2B平台都是垂直领域的。比如,有名的原材料大宗交易平台找钢网,电子元器件交易平台科通芯城,以及近几年得到大量融资而异军突起的国内MRO平台工品汇、震坤行等,这些平台都只是在部分领域有比较强的组织货源的能力,且大部分都还是以自营贸易模式为主。目前,1688平台还远未达到马云所说的"让天下没有难做的生意"的目标。

1688诞生于小微企业的服务需求

2010年以前的1688平台主要是依靠信息撮合来帮助那些以代工和仿造为主、缺乏自有品牌和渠道的小微和初创民营企业来发展市场。这个模式和当时阿里巴巴国际站的思路比较一致,无非是把出口变成了内贸。事实上,1688确实也是阿里巴巴将原有内贸业务模式独立出来后组建的平台。

在1688平台初建时,很多线上的需求都是来料加工和低端轻工业产品的采购,且基本是通过线下的合同和支付程序完成交易的,平台主要是满足信息搜索和买卖双方沟通的需求。事实上,这个时候的1688平台对"生意"的助力未必比那本电话"黄页"更强。但从2010年起,阿里巴巴尝试逐步开放在线交易,尤其是到了2012年,对工业品和原料也放开了在线交易,使得诚信体系通过在线支付和交易历史信息功能初步建立起来。这也是工业品电商的真正爆发点。从此以后,阿里巴巴真正看到了属于工业品的万亿级市场的体量,并且下决心要切一块这个市场的蛋糕。

从中小制造业企业的孵化器开始尝试和大企业合作

2010—2012年间,随着在线支付功能的开启和在线交易量的迅速上升,1688平台上涌现了一批充满活力的商家,但是主要还是国内中小型制造业。入驻的国际知名工业品品牌商比较少,各种真真假假的品牌经销商或代理商在上面开展业务。此时,阿里巴巴也认识到了发展工业品在线交易是今后1688平台的差异化竞争方向,于是,从2013年起,阿里巴巴主动对接一些工业品国际大品牌，如 ABB、3M 等，邀请它们在 1688 平台上开展电商业务。然而，这时的国际大品牌企业内部对电商还都处于懵懂状态，仅有的一些了解也仅限于天猫和京东等消费品电商，对工业品线上交易是抱着怀疑态度的。不过，还是有一些企业走在了其他公司的前面，成立了独立的电商团队，建立了电商产品策略开始试水。那时候，1688 平台内部将这些企业看作是“顽强地生长在贫瘠地土地上的幼苗”。但这一轮尝试并未达到最初预想的带动线上销量迅速增长的目标，只是出现了一批更加专业和规范的“官方旗舰店”，主要是展示各家的产品信息。“店小二们”扳着手指算出来的中间商差价并未在线上销售价格中体现出来，反而许多企业的在线价格高得令人费解。同时，复杂的产品线使得现货交易成了奢望，大企业复杂的内部流程反而成了交易的累赘，流失了不少小微订单。于是，1688 平台在 2015 年推出了一项计划，想要参与交易，就要成为一部分产品的“在线经销商”以获得更激进的价格和更好的服务，结果在计划推出半年后宣告彻底失败，并且更换了整个运营班子。

这批“店小二们”实际上是阿里巴巴 B2B 电商转型过程中非常重要的一批奠基人，他们解决了从单纯信息交互平台转变为交易平台的许多问题。但整个转型的复杂程度和周期远远超出了他们最初的设想，他们过于乐观地估计了形式并做出了一些不那么正确的决策，但并不妨碍他们解决了根本交易形式这个基本出发点问题。后来，这批人集体转去了淘宝，开始发展淘宝工业品市场并在后面几年每年取得了超过 100%的增长，达到了近 2 000 亿元的在线交易体量和数百万的日均交易订单数量。

以开放的心态来帮助大企业实现数字化

2016 年的阿里巴巴 B2B 峰会是具有重要意义的转折点。此次会议提出了“垂直、开放”的基本策略，并且一直贯穿到 1688 平台今天的整体运营思路中。这一策略表达了阿里巴巴对于工业品复杂的行业背景的尊重和理解。于是，1688 平台在新的运营班子的领导下，开始游说工业品行业的优秀企业试水电商。从电气到工具，从五金到传动，从劳保到化工品，大多数目前活跃的 B2B 工业品头部大企业都是在 2016—2017 年开始了解电商,并逐步在 1688 平台上开展电商业务的。这个趋势在 2018 年被化工品品类的迅速试水推向了一个高峰。暂且不论交易总量和商品总数,只从平台上的活跃度来看,1688 平台已经从过去中小制造业企业和贸易商为主转变为以大型跨国工业品巨头为主导。各种电商营销活动和产品服务如雨后春笋般涌现出来,虽然依然略显笨拙,但有的人舞步已经开始慢慢熟练起来。

2018 年的 1688 依然是工业品市场精准、专业、高效采销的首选平台,成为工信部制造业与互联网融合发展试点平台。1688 平台拥有从生产资料到通用物资,覆盖五金、电工、安防、照明、建材、机械、化工、电子、包装等 50 多个行业类目、1 700 多个品类、数十亿件商品。1688 工业品牌站汇聚了陶氏化学、德莎胶带、巴斯夫、科莱恩、施耐德、3M、史丹利、菲尼克斯、ABB、SKF、圣戈班等数千家知名工业大品牌,品牌"1+N"经销商实现数字化联合营销,2018 年现货交易爆发式增长了 616%。

随着这些大企业和大品牌的加入,1688 平台获得了重要背书。毕竟,交易主体的履约能力摆在那里,即使不用额外的认证,也依然可以得到客户的信任。在 1688 平台上买到合格放心的产品变得越来越容易。回想若干年前,ABB 委托波士顿管理咨询公司做了一次供应链优化的咨询,得到的建议是通过 1688 来搜寻更多合格的供应商。ABB 照做后的结果是不但泄密了一批内控图纸,得到的样品或者回复远达不到预期。今天,1688 上有实力提供优质产品和服务的商家越来越多,这其中就有你我的公司。

好货从源头开始,诚信从风控做起

尽管这些知名的厂商能够提供一部分优质可靠的产品,但在品种数量、价格梯度等方面是无法完全满足所有的 1688 用户需求的。那些不能由大品牌方直接服务的客户该怎么办?我们都知道品牌站可能是其中一个解决方案,因为它提供了授权经销商和品牌方同台服务的可能。即把所有官方认可的线上供货渠道都集中到一个专门的品牌站点,再由用户通过各种服务和库存的信息来选择更为适合自己的供应商。不过,哪怕是品牌商和经销商一起上场，也只是解决了一小部分问题，毕竟中国的中小企业遍地都是。所以，阿里巴巴就想到了一个办法：它们去各个产业带寻找优质供应商，以产业带作为品牌打造一批“信得过”的本土制造业企业。产业带是一个极具制造业特色的名词。某个地区的个别优质制造业企业的发展，会使得相关的人才、技术、配套服务外溢并在周边，形成大批同类型的供应商。比如，山东临沂——长江以北最大的五金机电集散地，浙江永康——全国闻名的“五金之都”中国五金产业基地，河北永年——中国最大紧固件生产基地，深圳华强北——亚洲规模最大的电子产品集散地，等等。当然，并不是说所有在这个产业带内的企业都是优质的，只是相对概率较高。如果有了当地政府和职能部门的协助，可以进一步对其资质进行管理，这是发展“源头好货”、分流平台供应商的另一个出路。

2018 年，1688 超级产地创造了 5.5 倍的增速，200 多个工业制造产地形成数字化市场新通路，如济南化工原料产业园、临沂五金机电、乐清柳市电气、永年紧固件、华强北电子、中山古镇照明等。在后台支持上，1688 联合支付宝共同打造数字化新通路——支付宝端的“1688 轻旺铺”，通过支付宝小程序旺铺，让码商覆盖线下市场，实现买家的优惠接码、码接货品、货接买卖双端的线上线下闭环，优化 1688 B 类市场采销交易链路，形成以互联网数据和信用为基础的新分销体系，有效帮助商家沉淀经营数据，从而指导其供应链和产品的调整布局。

当然，以产业带作为品牌打造一批“信得过”的本土制造业企业，除了希望提升整体供应商和商品的质量之外，也恰恰反映了 1688 平台商业模式的转变。可以说，整个阿里巴巴还是深受淘宝和天猫商业逻辑思路影响的。尤其是在 2017 年 6 月，随着 1688 新的掌舵人的接任，原 1688 事业部与 1688 销售服务事业部正式合并，并更名为阿里巴巴中国内贸事业部（CBU），由汪海与杨猛担任联席总经理。1688 越来越多地被打上了“淘宝系”烙印这件事是不容置疑的。而此前很多新业务实际上是在 1688 先尝试，再被划到淘宝旗下的，如著名的村淘业务就不是从淘宝开始做的。不过，阿里巴巴和很多互联网企业一样，并不反对内部孵化项目的时候有多方竞争。如今的阿里工业品也有不止一个团队在做，1688 和淘宝都在尝试，可能还会有第三、第四个团队出现，就看谁能做好、做成。

“淘宝系”对于1688商业逻辑的众多影响中最重要一点是关于寻找真正的盈利模式。此前，1688的主要盈利模式除了一部分通过网销宝套现之外，主要是通过征收诚信通会员费。当然，即使有100万个会员，一年下来会员费也不到50亿元，这对很多初创公司来说已经是天文数字，但对于阿里巴巴来说不过是九牛一毛。天猫一场“双11”活动下来，光是收1%的信用卡手续费都能达到17亿元，更别说其他的利润了。1688的掌舵者之前换了一拨又一拨，原因是1688平台并未找到真正的盈利模式。交易佣金是指望不上，推一些高级别的会员服务也是无人问津，自己做分销也没成，最后只能回到卖广告的模式了。所以，这一波1688掌舵者对B2B工业品电商的定义是“帮助企业做营销”，甚至还按照目前流行的做法把1688全站做了私域和公域的营销界定。当然，有钱有人且舍得投入营销的多半不会是那些小微企业。所以，开发大的品牌商、源头产业带等带有集群性质的实力商家就成了1688当前工作的重心。只是，目前这种对于“有实力的商家”的界定还比较粗浅，除了营销投入能力和企业规模之外，似乎也没有更多可以衡量的维度了，这一点可能会在之后的平台发展中逐步完善起来。

我们相信随着平台优质商家数量的增加，以及交易量和活跃度的逐步提升，在不久的未来将会有一套更为严格的体系来认证和分流所有的在线商家。那么1688的整体公信力也一定会逐渐提升，这相当于从淘宝时代过渡到天猫时代一样。到那时，上1688买工业品会和当年京东开始卖3C产品一样变成一面旗帜，并成为改变用户习惯的关键因素。不过，1688在做好商家升级的过程中，让平台基本功能向B2B工业品交易需求进一步靠拢也是一项重要的工作。平台作为一个“市场”，其公信力和便利性应该是两个非常重要的考核维度，而不是所谓的指导商家提高营销能力。如果说在早期，面对小微企业，这种商业指导还有一定作用的话，那么到了今天，那些大企业中在浸淫行业多年的老营销人员应该已经完全不需要这项服务了，而更需要平台自我优化以帮助他们降低与长尾客户沟通和交易的成本，或者其他更实际的作为。我一直认为B2B的交易成本包含众多方面，我们并不需要先着眼于最难改变的经济成本，而可以专注于如何让“在线购买”变得更省时省力省心。我们可以在线上设置一个不那么诱人的低价，但这个价格背后的服务、灵活性、速度是否能匹配得上是每一个 B2B 工业品电商人需要解决的问题。

电气行业电商发展一马争先

从适合电商渠道的工业品类上来说，相对标准化、便于运输、市场价格相对稳定、终端客户比较分散的产品会更加符合要求。确实，从 1688 平台发展初期的入驻品牌和活跃类目来看，工具、五金、劳保和电气也是相对较为活跃的几个板块。而这几个板块的产品又恰恰符合刚才提到的适合电商渠道销售的工业品的特点。其中，电气相比其他几个品类又兼具了以下个明显的特征：

（1）客单价相对较高，获客成本和运营成本可摊薄。

（2）既有 B2C 类的产品，又有 B2B 类的产品。

（3）行业品牌化导向依然比较强，自主定价空间大。

（4）产品 SKU 多，选型复杂，价格和信息相对不透明。

因此，电气行业电商渠道快速崛起，也带动了相关类目乃至整个 MRO（maintenance repairing operation）产业进入电子商务发展快车道。

2014 年应该算是 MRO 电商集中爆发的一年。随着工品汇、西域、震坤行、EP 精灵（现在改名为天工矩阵）等本土 MRO 企业纷纷开始寻找各大品牌厂商合作开展数字化业务，以及固安捷、欧时等欧美老牌 MRO 企业加速在中国的业务布局，开拓中小客户市场，B2B 工业品电商终于在 1688 平台率先转型交易一年多以后开始真正启动起来。

ABB 是众多电气业品牌厂商中比较早介入电商的一家企业。说起开始电商这件事，作为当事者（在 2014—2016 年间我是 ABB 电商的负责人），倒是可以分享一个有趣的小故事。当时，负责 ABB 全国低压产品市场和销售的副总裁家里的开关坏了，于是就找物业上门维修。物业的人看了看开关就说：“你们家开关挺好的，就是不太好买。”当时，ABB 低压产品在北京有数十家经销商，算是全国经销商最多的一个城市，而物业维修人员竟然还是说这个开关不太好买。后来,物业人员走后,副总裁简单算了一笔账。假设北京有1/10的人和ABB电气产品或电力设备有关联,那至少有200万人,我们如果有40个经销商,那一家经销商就要服务5万人。就算这个人数再少一个数量级,一个经销商服务5 000人,显然也很难做到。那么,怎么能够做到让一个品牌可以服务更多客户呢?于是,就有了后面的ABB开始做电商这件事。

在我接手做ABB电商之前,公司已经花了将近一年的时间在1688平台和天猫平台上各开了一家自营旗舰店。当时,电工电气品牌在天猫上开旗舰店已经很普遍,主要都是销售家用墙面开关插座和微型断路器,但当时在1688上开旗舰店且更多销售非民用的工业级产品ABB倒是首创。所以,ABB算是引领了之后一大批来自各个行业的B2B工业品品牌商纷纷入驻1688的浪潮。

B2b2C产品的零售电商化转变

电气产品本质上都是B2B产品,因为在中国几乎没有DIY电工电气的市场。哪怕是家里插座坏了,业主也会找物业或者电工更换,而很少有人亲自上阵。而且电气产品的型号很复杂,就算选择家用墙面开关,如果没有专业电工给的清单,个人也很难完成选型和采购。但就是这一部分B2b2C家装墙面开关产品在天猫和京东上的销售,为整个行业之后发展纯B2B电商做了很好的铺垫和行业内部教育工作。

整个墙面开关和插座是最早开始进入电商的电工电气类产品。而大家耳熟能详、遍地可见的公牛竟然是所有大品牌包括外资品牌在内相对较晚进入电商渠道市场的。公牛品牌的全线入驻是在2015年初,也是它开始大力推广面板开关业务的第一年。直至今天,也许除了飞雕开关短暂地投放过一段时间的电视广告之外,公牛是唯一在互联网营销已经炙手可热的2015—2016年还坚持大力投放大众媒体(如电视、户外灯箱等)的面板开关厂商。但是,我们看到它的结果也是出乎意料的好。单纯从公牛官方旗舰店在天猫内的运营和推广来看,它最初半年的表现中规中矩,乏善可陈。但是，通过线下完善的渠道和超过60万个门店门头建立起来的品牌知名度，以及大众媒体营销的号召力，公牛在天猫迅速上升到了行业老大的地位，并带动了线下渠道的产品销售。据行业内人士大致估算，公牛在建立电商渠道和推广面板开关业务前，其年销售额在20亿元上下，但是2015—2016年，它迅速把这块新业务做到了20亿元左右的规模，并带动原来排插业务增长了10亿元，最终使得公司的销售额在2017年达到近50亿元。如今，公牛已经推出了门铃、智能门锁等新产品，且外观设计不输小米，相信配合其线下超过60万家门店门头的品牌效应和不断在媒体上投放的广告，会很快占据零售五金电气类产品的国内头把交椅。

不过，最早在面板开关领域开始做电商并取得成功的并不是国产品牌，而是老牌合资品牌西蒙电气。那时候还没有天猫，甚至淘宝商城才刚刚有了雏形。西蒙电气凭借当时上海几个经销商敏锐的市场嗅觉以及对未来家装建材零售市场发展趋势的预判，大力投入当时的淘宝渠道销售，随着当时房地产和个人家装业务的蓬勃兴起而迅速成为淘宝商城该类目的领导者。当时，淘宝产品展现的排名规则还远没有今天这么复杂，销量和点击率等基本数据可以使得排名靠前的商家基本高枕无忧。如果不是因为那时候西蒙电气的线上业务增长过于“招摇”，引得线下经销商集体上诉，要求线上、线下款式分开，实行差异化价格体系，造成那些排名已经遥遥领先的“宝贝”集体下架，估计后面的其他品牌要推倒“前浪”也未必这么容易。

随着西蒙电气因内部原因退居到二线，西门子和德力西这两个电工电气品牌开始借助淘宝商城的上线新规则大力推广自己。西门子和德力西在当时都有一个共同策略就是依托经销商来共同发展电商业务，只是做法略有不同。西门子在淘宝的销售渠道主要是以璞高为首的几个经销商专卖店，品牌方直到2015年才开始着手建立自营旗舰店，并且也是委托当时排名最靠前的璞高专卖店来运营的。由于西门子面板开关业务在欧洲并不重要，因此其在中国的策略一直比较本土化，也相对灵活自主，所以这也是为什么它们在家装和电商零售市场一直表现非常活跃的一个原因。凭借本土管理团队对市场的敏锐嗅觉和西门子本身深入人心的品牌背书，其面板开关业务迅速崛起并赶超西蒙电气成为行业领头羊之一。西门子璞高专卖店在运营西门子官方旗舰店业务前的销售最高峰时,单店年销售额可以超过1.5亿元的规模。按照西门子这个业务产品的定价,假设客单价在500元左右,就是超过30万单的销售量,平均每天近900个客户订单。在当时电商总体占社会总零售份额不到5%的背景下,且客户对象大多数是那些一辈子最多装修2~3次的老百姓,这个业务的销售体量已经非常惊人了。

另一个依靠淘宝迅速增长、奋起赶超并成为重要行业品牌的国内厂商德力西又有一套不一样的做法。德力西其实本来并不看好面板开关业务,以至于德力西这块业务原先也并不是完全在德力西集团旗下的。所以,这也是为什么当年施耐德和德力西谈合资的时候,这块业务并没有被一起纳入合资业务的范围内。在做电商之前,德力西的面板开关业务年销售额大约在1亿元,主要依靠传统的经销商和门店渠道推广,做得并不是太好。当年,德力西团队被允许触碰电商的原因是要处理一堆库存滞销产品。而这支年轻的德力西电商团队却凭借对淘宝规则的深入理解以及与经销商专卖店之间差异化的经营思路使得线下经销商纷纷要求销售这些原本滞销的产品。在之后短短三四年时间,德力西的面板开关业务每年成倍增长,尤其是电商销售额屡创新高,使得虽然单个旗舰店无法一枝独秀,但品牌整体体量在天猫该品类名列前茅。

当然,在天猫这个体系里,既有侧重于依托或协同经销商一起发展电商的,也有以旗舰店作为阶段性增长主力的。比如,同样是电气行业龙头的外资品牌施耐德和民营品牌正泰。在2015—2016年间,随着以天猫规则为主导的资源进一步向旗舰店倾斜,原本就只授权自营旗舰店在线销售的正泰和自营旗舰店相对有优势但不明显的施耐德开始倾斜更多资源在旗舰店的销售上。正泰直到2016年才允许部分授权经销商开始在天猫开设专卖店,但是产品和价格差异并不大,因此要想做好,投入也不少。施耐德虽然前期都是通过授权经销商在经营旗舰店业务,但2014—2015年间也开始寻找专业的电商运营团队开始发力电商业务,同时它旗下很多新产品只在自营旗舰店优先发售,等到市场起来后再考虑经销商店铺的货品需求。把主要资源放在自营旗舰店这个策略的最大好处是获得渠道“大促”的红利。从2014年开始,是自“双11”设立以来,全网销量增长最快的时间段。那些平时资源就比较集中的品牌,到了"大促"时由于旗舰店的数据比较好,相对得到的天猫资源就比较多。也正是因为这一规则,正泰和施耐德在这几年大促中单店的排名不断靠前,推动品牌整体的排名也小幅上升。

随着近几年大型城市市区内的家装建材市场的搬迁和改造升级,这类电工电气产品通过京东和天猫等电商平台进行销售也变得越来越普遍。而电气行业的厂商们互相学习,从相对偏 B2C 的面板开关和智能家居业务中了解电商规则,积累了经验,培养了团队,再慢慢开始转向更有挑战性的 B2B 电商市场。

MRO 成为 B2B 工业品电商发展的第一块试金石

MRO 通常是指在实际的生产过程不直接形成产品,只用于维护、维修、运行设备的物料和服务。MRO 是指非生产原料性质的工业用品。为什么说 MRO 业务是 B2B 工业品电商的一个试金石呢? 原因有很多原因,我们简单罗列一下,但不一一展开讨论了。

(1) MRO 的采购需求比较随机和零散,频次高,单次采购数量少。

(2) MRO 涉及的品类多、范围广,但全年采购总量未必大,维护供应商的成本高。

(3) MRO 客户的价格敏感度相对低,但对供应商的服务和正品渠道的要求比较高。

(4) 对许多工业品厂商来说,大多数 MRO 的客户都属于长尾市场客户,以往的渠道和系统很难支持以合理的成本来经营这些 MRO 客户,只能由经销商自我驱动来维护这个市场,造成最终客户感受的差别很大,影响品牌美誉度。

(5) MRO 客户的复购率较高,采购需求明确,且一般不对每次采购再设单独的设计、投标和评审环节,可以直接"按旧型号匹配"。

(6) 对传统渠道来说,MRO 客户的需求过于零散,单个客户的价值并不大。只有把这些客户所有的采购总量集中起来才有一定市场价值。但传统经销商经营的品牌品类都很少,无法满足 MRO 客户这种一站式的需求。

除了以上 6 个方面的原因之外，还有包括物流、付款方式等方面的原因，使得偏 B2C 采购模式的 MRO 成为 B2B 工业品电商优先“改造”的传统渠道市场。

中国的 MRO 企业诞生于电商渠道。国外知名的 MRO 企业已经有上百年的历史。比如，美国的固安捷已经有 91 年的历史，销售超过 1 700 万种产品，市值过百亿美元。日本的 Trusco 作为一个通过电子商务和 O2O 模式焕发新活力的本土 MRO 品牌也已经拥有 60 年的历史。但是，中国在工业品电商渠道出现之前几乎是没有专门的企业去做 MRO 业务。可以说，由于互联网的传播力和标准化生产能力，使得中国本土企业开始有机会跨品类、跨地区、跨用户行业做大规模的 MRO 生意，并诞生了一批本土电商背景的 MRO 企业，开始成为工业品电商圈的活跃力量。

虽然这些初创企业都是利用电商平台切入 MRO 市场的，但是各个电商平台的出发点和主打商业模式并不相同。首先是选择切入的产品线和品牌不同。大家都知道，MRO 销售的 SKU（stock keeping unit，库存项目）动辄上百万种，是一个品类繁杂的行业。从一个或若干个品类切入市场，获得用户口碑后，再慢慢获取其他品类厂家的支持，从而成为一个大而全的平台供应商是企业切入 MRO 市场的一种通用做法。比如，目前市场炙手可热的 MRO 品牌震坤行，是从润滑油和胶类产品开始切入的，最早依托汉高和壳牌线下经销商的基础开始发展线上业务，后转战 MRO 全品类；西域主要从劳保和工具开始做起，对标品的供应链比较熟悉；工品汇基本上是靠代理 ABB 元器件开始的，慢慢把大多数电气品牌收入麾下，然后再涉足工具和劳保品类，逐渐扩大市场份额。经过几年的发展，它们都拿到了三轮以上融资，进入到比较明确的商业运转模式中。比如，西域和震坤行的商业模式还是偏向于做集团大客户的一站式采购，属于比较传统的从采购平台开始做起的 MRO 模式；工品汇的商业模式是整合 2~3 级经销商的供应链，赋能经销商来服务最终的大企业用户；京东实际上两头都在做，既做企业购面对大客户，也做工业品商城面向长尾客户，这点和阿里巴巴的集采加上大市场的做法还是很相似的。由于熟悉本土市场，又有着经销商的背景，同时有本地品牌商团队的支持，本土 MRO 企业很快就超过了原来在中国已经发展了多年但没有太多建树的国际知名 MRO 企业。尽管，这些国际大牌企业也是很早就拥抱了电商，但是其线上采购的整体体验、线上产品的货期及服务能力、价格和商务政策的激进性，以及地推销售的投入和本土新近发展起来的 MRO 企业还是不能相提并论的。

在这么多 MRO 电商平台里，我一度认为解决“b”端供应链问题，又能够通过服务保持对大企业的黏性的模式是最容易切入市场不引起反感的。相对来说，大集团客户的生意大家都想做，但是这么做就很难体现出电商对于管理长尾客户的一些优势，也很难确保不和现在的大客户渠道产生直接的冲突。所以，从相对规模小、分布散的经销商开始做起，也许是一种方式，只是还要考虑到如何解决这些客户的忠诚度问题。为此，我曾经有很长一段时间和工品汇的相关团队成员有着比较多的交流，也希望借此能够搞清楚它们这种模式的可行性。

工品汇创始人兼 CEO 严彰的确是做电气产品经销商起家的，只是更加偏重于工控产品。严彰是一位 80 后，出生于江苏盐城，很早就开始创业，早年做过欧姆龙的代理商，属于比较敢打敢拼又懂得学习和变通的销售型商人。在工品汇发展过程中，严彰和他的团队碰到的是和其他所有做 MRO 业务的公司一样的问题，做好一个类目可能不难，但是当扩展到 10 个或 20 个品类的时候，就不那么简单了。无论是建产品数据库、找渠道商、备货，还是培训客服、销售，做产品推广策略，解决应用问题，都是隔行如隔山。这些差距并不是单纯凭借增加员工数量就可以弥补的。工品汇在 2018 年上半年达到了人员的高峰，团队有近千人的规模，涵盖了技术、研发、销售、客服、市场等不同环节，每月仅运营成本就超过 700 万元人民币，这还是基于它们的总部在苏州这样的二线城市。像京东、震坤行、西域等总部设在北京和上海的企业来说，如果达到这样的人员规模，其运营成本更高。这样的扩张速度可以说跟当年京东类目扩张时每天都在面试，每天都在招人的盛况已经相差不多了。人虽然多了，但管得了事情的人却似乎没能增加，反而是一件事情不停地换人来对接，最后浪费了很多沟通时间。2018 年下半年，资本市场进入寒冬，大批互联网公司被曝出长期巨亏的消息。此时，工业品行业也无一例外地收紧，大幅度缩减开支。此时，严彰对于工品汇业务的盈利要求和多元化要求也逐步提到议事日程上来。许多不赚钱的项目、第三方平台店铺都被砍掉，深挖品牌方对于营销和数据的需求也成了工品汇新的造血机制。虽然举步维艰，但是在投资者的支持下，工品汇背后的团队依然表示出对市场的信心。

目前所有的MRO电商平台的中层人员普遍表现出来的都是电商运营有余，行业经验不足，尤其在核心运营团队上，很难找到具有跨界能力且有创业意愿的人，而自己培养的人又很难留住。每一家成功的MRO企业都是用了几十年时间走过来的，并且依然在不断地学习中。想要用短短几年时间走过别人几十年走的路，那是不可能的。所以，MRO不会是缺钱的人去做的事，这是我在深入了解了这个行业之后的感受。相比来说，震坤行的老板陈龙作为在传统渠道已经做出成绩的人，才有了相对更好的基础去耐心等待MRO这个行业慢慢成长。从这一点来看，不少创业者可能就不具备这样的优势了。

从代运营到经销商再到平台商

大多数MRO电商平台的商业模式都是作为经销商卖货，或者替一部分经销商卖货。这个模式使得它们最开始建立的就是自营电商平台。有的平台由于一开始品牌商资源有限，或者为了培养自己的团队，也做了一部分替品牌方运营第三方平台店铺的事。但后来这些业务都不是平台的核心业务了，除了利润高的之外，其他的也都逐渐被剥离出去了，这些平台逐渐“不碰货”了。做经销业务，对资金和人员的要求比较高，同时受市场波动影响大。但“不碰货”就意味着与品牌商的黏度大大降低，话语权也逐渐被削弱，毕竟一个是一年买几千万货的客户，一个只是服务商。要做到“不碰货”，但是规模还能继续增加，这对商业模式和自身的能力要求就很高了。我曾经和一个MRO平台创始人聊到今后电商MRO可否在贸易和服务这个商业模式之外开拓新的模式。我们想到的第一种模式是咨询，确切地说是提供数据服务。但是看着格瓦拉的“商业排片”咨询公司的模式没能走下去，国际咨询巨头们纷纷陷入增长瓶颈，似乎这也不是一个有太多想象力的方向。

我们想到的第二种模式是做自营产品。这其实很像米斯米(Misumi,一家日本的本土的MRO电商平台)的商业模式,甚至可以借鉴小米和屈臣氏的成功经验。米斯米的成功在于它从日本本土确实网罗到很多原产地好货,尤其是传动领域产品,能做到价廉物美。如果是从零开始自己研发生产,不管是做低端的还是做高端的市场,可能都会碰到国内市场已经趋向饱和,很难再找到一个合适的新品牌定位,即便是用上了通路上的优势。

我们想到的第三种可能的模式是做品牌商数字化业务的服务商,即帮助品牌商实现渠道、营销、客户管理的数字化。这也是包括阿里巴巴等巨头也在觊觎的事情,只是它们要求品牌方没有保留地把自己整个销售链路搬到它们的平台上去,这让品牌方没有安全感。但是,如果要依托自建平台,或者打通多个跨平台的数据池以建立完整的数字化客户旅程和营销管理,那又是和无数中小型技术公司和大型跨国营销技术公司同场竞技。总之,哪条路看上去都不是那么容易,反而还是卖货稳妥一点,这使得MRO电商平台进退两难。或许,大家都在等待B2B工业品电商爆发的契机而提前准备着吧。

02 攘外安内：B2B 工业品企业在发展电商时可能面临的挑战

B2B 工业品企业要做电商，首先面对的最大难题就是要说服包括销售总监在内的许多公司管理层。我相信，销售总监作为传统渠道的掌舵人一定会先提出各种各样的问题来质疑做电商可能对公司造成的消极影响。我们来看看该怎么面对这些问题。

问题一：电商该由市场部还是销售部来牵头管理

对 B2B 企业来说，发展电商的目的并不是仅仅为了立刻实现增量销售，否则投入的销售和市场资源就不只这么一点点了。既然是以市场和客户为导向的项目，就应该由最关心也最想了解客户的市场部来做比较合适。销售部关心的是订单和业绩，达成目标就行，过程不重要。反之，销售部门如果真的只是想完成这一点业绩，除非是山穷水尽了，否则销售员打几个电话不比搞电商这么一套复杂的东西容易？所以，销售部门既不合适，也不具备原动力去做电商，还是市场部比较适合去做。

问题二：如果电商对现有的经销商造成冲击，该如何解决

销售总监这个问题的潜台词是，现在的市场存在信息不对称，我们处于优势的一方，要是这部分优势逐渐丧失了，我们怎么去权衡？其实，信息不对称可以形成垄断，这在经济学上是有价值的。比如，公园里的小卖部卖的瓶装矿泉水，很可能就比在公园门口的小店卖得贵，贵 1 元、2 元甚至 5 元，都会有人

买，这就是信息不对称产生的优势。当然，它不能太贵，因为如果太贵，就会有人带着瓶装水进去私自兜售。所以渠道保护从来都有一个“度”的问题。由于渠道保护和信息不对称的存在，公园外的小卖部处在相对的劣势地位，所以它就得一直不停地完善自身，不论是装修风格，还是产品陈列、营销策略，从而使得从门口进来的人愿意提前在那里买瓶水。假如有一天公园门票免费了，或者公园管理方允许外面这家店进去开新店，那里面那家店就会受到严重冲击。这就是大多数 B2B 公司现在利用产品和渠道去建立信息不对称优势时的最大风险。

另外，渠道间的竞争从来就没有消除过。无非是看竞争的结果对谁有利。当一家企业有第二家经销商的时候，就会和第一家经销商之间产生或多或少的争议。从目前的公司决策结构看来，最大的获利方其实是销售总监自己，因为他在经销商这个问题上拥有足够的话语权和决策权。至于公司能否获利，就要看情况而定了。对于有争议的双方来说，无论谁赢了，都不是获利方，因为赢的一方一定付出了某种代价，比如被迫降价，比如指标变高，等等。

一般新事物往往都会被人诟病。既然，“渠道争议”是不能被彻底解决的问题，那我们就一起正确认识它，并且剖析它可能造成的影响，然后共同管理它。同时，不要把发生在新事物上的“渠道争议”异化。它跟以往发生的任何一次“渠道之间的冲突”都是一样的。

所以，我们可以选择可控的线上运营商，制定合理的价格和产品策略，差异化地提供部分产品和服务的组合，使价格相对不透明。我们也可与传统经销商展开合作，利用他们的仓储、物流和服务能力。而我们则专心做好营销和获客工作，再引流给他们完成最后的销售环节，形成线上和线下的联合战线，共同提升客户体验，扩大市场份额。我们上线的产品中可以有一款是相对在线上比较有价格优势的，具体哪个产品可由销售总监来选择，他/她可以选择相对对线下销售没威胁的产品，其他的都直接转给经销商来完成销售，不会跟他们有竞争。

问题三：电商一定是增量销售？若不是增量销售，为何要做电商？

销售总监说的增量销售其实是指两种情况：我不想做的业务（投入产出

比太低或者实在是卖不出去的)有产出,以及我不知道的业务有产出。销售总监的潜台词是,“我现在在做的业务,肯定不能算你的;我打算要做的,你也不能碰;我做了几年没起色的,如果现在突然增长了,也不能全算你的功劳”。

什么是增量销售?要是有个销售人员离职了,他的客户跟着他走了,渐渐转向另一家公司了。公司再招一个人,做了两年后,这些客户又回来了,这些客户带来的订单算不算增量销售?如果公司跟那个新招的销售说:“对不起,这不算增量销售,所以不能算你的业绩。”估计这个销售很可能会立刻辞职。所以,增量销售本来就是一个伪命题。我们无法断定如果下一刻我们不提供新的销售方式或营销服务,目前的客户是否还会继续找我们下单购买。更何况大型 B2B 公司里的销售人员,本质上其实都是市场营销人员,真正签单收款的还是渠道商。我们在评价两个渠道哪个更有价值的时候,至少不能闭着眼睛就下定论。我在前文说过,销售渠道其实和产品的市场定位是对应的。服务大客户用经销商和销售人员无可厚非,而且卓有成效。如果把这类大客户转向电商,显然是不妥的。但是,要去孵化中小客户线索,或者维持低频购买客户的品牌忠诚度,以及服务好售后备件的长尾市场,电商的优势就比较明显了。

另外,销售人员开拓新客户也是一个用资源换取结果的过程。如果公司真把电商看作一个“主要”的市场销售渠道,那么公司在这件事上又实际投入了多少资源来确保市场的开拓和增长呢?很多线下的销售人员一年光请客户吃饭就能花到六位数,而一个工业品电商团队一年在第三方平台站内投放流量广告的预算可能都没有那么多钱。如果不算销售的金额,只算客户的数量,可能电商的投入产出比是远远大于线下销售的。当然,这两个渠道本来就是相辅相成、各有优势的。这种相辅相成的关系使得两者的合作,要远远比互相竞争获利更多。当然,这需要销售总监从一开始就具备一定的格局,站在公司大方向的高度来看这个问题。

所以,不论从哪里获得的订单,理论上都是存量市场。今天一个客户因为在经销商那里了解到了我们的一款产品,但由于种种原因没有购买,却在电商渠道下单了,如果我们把这笔订单不视为“增量销售”,那么,明天一个客户在网上看了我们的产品和价格,觉得价格太贵而去经销商那里买了,这算不算是“增量销售”呢？人为地把“营”和“销”拆得这么远，无非是出于保护既得利益的目的。大家只有抱着开放、合作的态度才能保持业务的长盛不衰。

问题四：怎么定线上价格？

销售部门当然希望线上价格定得越高越好，而负责电商的部门则希望定一个合理的价格。价格合理的关键是价格与其背后的其他要素能匹配得上。如果一个产品只有线上有货，即便价格比经销商平常的市场价格高20%~30%都不是问题。如果线上订单有账期，中小客户也可以享受，那即便不打折，也会有订单。如果线上接受小批量订单，而且客服人员热情又专业，主动服务性强，业务能力突出，还能时常回访老客户，跟踪考虑中的客户，即便线上价格和线下持平，也不必过于担心订单的问题。当然，我们今天要面对的是比上述更复杂的情况，甚至我们所能选择的电商平台都还没有足够的能力去赋能每个行业，大量的“转线下”工作依然无法避免，选型比较、购买支付的流程也并没有被简化太多。此时即使线上价格比线下低，可能获得的客户质量也不高。

所以，价格只是一个比较重要的参照维度而已，更多的是让价格和它背后的其他资源相匹配。线上的价格可不低于线下，但是我们的目标是最后客户的综合成本不会高于线下。至少对很多原来我们没有足够精力服务的中小客户来说是这样的。

问题五：如何定销量目标？

说到最后，在公司里获得资源还是得拿数字说话。当然，市场部的人其实特别怕背指标。当公司确定给你一个很高的指标时，其实也直接或间接给了你到处要资源的权力。只要公司信任我们，给予充分的支持，就销售指标而言，我们可以先定一个“小目标”，如同行业前三，以后每年再增长20%。

其实，我这么多年在和业务渠道关于电商这件事的博弈中，学到的最有用的东西,就是要顺势而为。有的时候,你得有耐心去等待一个合适的时机来提出合理的需求。往往需求也是分步骤一点点被实现的。如果你一开始就要求一步达到你的最终目的,那你很可能就没法实现这个目标。反之,如果你一开始只要求一些很基本的东西,一些大家没有理由拒绝你的东西,你反而能一步步积累自己的信用,慢慢达成你的目标。

03 事半功倍：B2B 工业品企业做电商应该设定的正确目标

从 2013 年起,1688 平台开始允许工业品品类在线交易。之后,陆陆续续有各种不同的企业入驻包括阿里巴巴 1688 在内的众多第三方电商平台。截至 2019 年 6 月底,仅 1688 平台上年销售额达到亿元规模的大型工业品公司就有 300 多家。但是,你要是问问那些开始做电商的企业的情况好不好,大多数人都会无奈地摇头说:“一言难尽。”为什么这么多工业品企业做电商都很难说出好坏呢?原因还是它们对于当下电商的目标设定没弄清楚,不知道自己做电商的目的是什么。

B2B 工业品企业和 B2C 消费品企业最大的一个区别就是,B2C 消费品企业既可以卖故事也可以卖产品,而 B2B 工业品企业的核心业务还是只能卖产品。所以,B2B 工业品业务做的是存量市场,而 B2C 消费品业务是可以创造新的增量市场的。所以,在做 B2B 工业品市场的销售策略时,任何企图脱离现有存量市场竞争而产生增量的做法,都是不切实际的。这并不是说 B2B 企业不能提升客户需求,不能进行消费升级,但那也是基于切实的、已有的需求,以及下游最终客户需求提升所产生的。既然是在存量市场中开展新业务,要想获得成功,那首先要做的就是找对目标。

如果我们要设定正确的目标,就要先明白哪些是错误的目标。对于现阶段大多数 B2B 工业品企业来说,常见的错误目标大概有以下四个。

错误目标一:追求销量的突飞猛进

我们并不是说电商不能带来 B2B 工业品业务的成交。即使要求这些成交是来自新的客户，新的行业的纯增量销售，都是可以做到的。但是，目前来看，这种增量销售一定不是激进的、巨大的。所有的商业行为，回归到本质，一定是有其独有的商业价值和合理的商业逻辑的。如果在定价、商务条款、客户服务、客群定位等方面电商渠道与线下渠道相比都没有比较优势，那客户又为什么要到电商平台上花费更多的时间和精力，去学习使用新的流程，开通新的支付方式，申请新的采购渠道，来购买同样的商品呢。所以，电商的销售额一定是与投入相当的合理回报。当前，因为消除信息不对称就能产生的增量用户和销售额的红利时代早就过去了。对于一个已经相对成熟和理性的市场，合理的投入才能带来相应的产出。

错误目标二：大量新客的获取和转化

B2B 客户端目前还处在只有一些小微企业零星采购，市场还不成气候的阶段，即使你的产品定位和渠道策略正确了，也很难获得更多的客户。更何况，很多时候我们根本不知道在网上卖给谁？想获得哪类客户？在这样的情况下，要说大量新客获取和转化，除非大家去造假。

错误目标三：迅速扩大品牌影响力并提升行业地位

电商并不是一个用于创造需求和品牌吸引力的营销平台。这点我们在前文说过。很多时候，电商是要依靠在售的产品和品牌本身对客户的吸引力从而引流到平台上。我们见过大多数平台的广告都是到我们这里来买什么又好又便宜。也有很多平台宣称自己是多少品牌或商家的首选销售渠道。但是，我们很少能看到电商平台说就是因为在我这里卖，别人就想买，我卖啥就能火啥的。虽然现在的"内容电商平台"走的应该是这个路线，但其实能为品牌和产品背书的也不是平台本身，而是那些 KOL。所以说，想通过网上销售就把自己做成家喻户晓、人人都渴望拥有其产品的品牌，那就得看实际投入多少资源了，很可能比在线下投入的还多。因为在线下，分散客户注意力的，只有同行业竞争对手，而在线上很可能就要面对苹果、耐克等这些超级品牌，与它们同场较量，以获得客户的关注。

错误目标四：大力销售边缘产品

有不少B2B工业品品牌在初入电商渠道时，是为了试试水，或者在压根儿不了解电商的情况下，以销售一些自己产品体系里比较难卖的产品，甚至是库存产品为目的的。其实，这么做也并不难理解。这些工业品品牌无非是害怕一旦自己的热卖产品上线，会和传统渠道有冲突。在这点上，一些奢侈品的做法也很类似。比如，它们天猫旗舰店很可能就没有线下最热门的箱包类产品销售。B2B工业品电商最重要的还是转化率，其次才是客单价。如果好不容易通过大量精准的投放和需求匹配，寻找到了合适的采购需求，结果因为产品本身的竞争力不足而丢失客户，那是得不偿失的。一个产品的成功是由多方面综合因素决定的。电商最多只能在4P中的渠道和推广上做一些改变，没有办法对产品整体定位策略进行彻底的改变。因此，企业如果因为增加了电商这个渠道就能把原本难卖的产品变得畅销，要么是因为原先的渠道商市场推广能力太差，要么是配合电商对产品重新进行定位，否则就是痴人说梦。

以上说的都是大家在建立电商渠道之前，内部讨论方向时往往会想到的且放在策略方向里的目标。我们还会想到比如服务长尾客户、发展有潜力的经销商等。当然，这些其实也都是业务部门认为适合电商来做，并且听上去靠谱，但实际上完成起来遥遥无期的目标。究其原因，是B2B电商在起步和发展期过多参照了处于成熟期的B2C电商的模式和经验。比如，1688平台作为B2B工业品电商平台其实有点名不符实。1688基本上还是一个类似于淘宝的传统零售平台，只是搭建了一些行业采购场景和品牌汇总的功能。比如，有一些简单的阶梯价格、询盘功能和一些不算太精确的产品行业划分，但是很多B2B工业品基本的交易信息需求未必能完整提供。如果用户是一个淘宝商家或小零售商来这里淘货或批发一些小商品，或许有一定价值，但对于工业品大企业真正想去做B2B电商，基本就是很难走通的。这种把电子商务看成渠道电商化的策略，在我看来本身就是错误，并且不能很好地解决 B2B 工业品业务的实际发展瓶颈。而真正适合 B2B 工业品业务的模式,也并不是跳过经销商做直营业务,而是尽可能地利用数字化手段提升渠道的效率,打通信息链,形成数据池,并通过数据分析来找到业务提升的空间,并做出商业模式的改变,即我们所说的商务电子化。

尽管 1688 平台这样的 B2B 电商发展方向,在我看来是多少有点"死胡同"的味道。但是不得不说它对 B2B 工业品电商发展和 B2B 工业品企业开始涉足电商是有重要意义的。我在不同场合也都会劝那些想要试水电商的 B2B 工业品企业负责人,尤其是外企负责人,先从入驻 1688 平台开始做电商。对此,我给出的理由是:在 1688 平台上建立电商业务的试错成本相对较低,1688 目前主要还只是通过收取诚信通会员费和一些实力商家的认证费用,其交易不产生佣金,流量价格也相对便宜,就算买错一些关键词,这个试错成本也是可以接受的。再者利用阿里巴巴的知名度说服所在企业的外籍高管也相对容易,加上目前能够提供交易功能的 B2B 工业品电商平台也没有更多其他的选择。

那么,在看清了 B2B 工业品企业发展电商与消费品企业做电商的差异之后,那些工业品企业又该设定哪些目标作为合理的电商 KPI 来推动内部资源逐步投入电商的发展呢?

目标一:跨界复合型人才团队建设

就目前来看,企业数字化转型的主要战略资源是人才。这些人既要有一定的专业知识,又要有大的格局和远见,还要能够领导业务团队通过改变商业模式来提升效率。说实话,在当今这种分工明确、职责范围清晰的大企业内,要培养这种能跳出条条框框具备成长性的人才并不容易。通过早期进入电商的低门槛和试错成本相对较低的"群雄逐鹿"阶段,可以为企业打造一个不错的团队和业务框架。我之前工作过的 ABB 公司,一度就被同行认为是 B2B 工业品电商的"黄埔军校",也为不同工业品行业的企业发展电商输送了不少实战人才。

目标二：让企业重新了解自身现状并找到与客户期望之间的差距

传统制造业企业由于产品强势，并不太关注客户的真正需求，甚至直接获取市场反馈的渠道都很少，也很曲折。电商对企业的内部流程和服务响应能力的要求是非常高的。就算不需要达到 B2C 平台提出的常备库存 48 小时内发货的要求，但交期准确、回复明确、物流信息可追踪等方面的要求，还是会给那些现在习惯了一休假就不处理工作相关事务的老牌大型工业品制造业企业内部带来一次不小的革命。只有真正了解到客户在产品、服务、付款、信息获取等方面的切实要求，才能逐步投入资源去优化自己。这种优化将不只是回馈到电商业务上，而是所有的业务。

目标三：提升客户满意度，完善客户旅程

传统制造业企业对客户和市场销售的管理是比较分散的，往往大家各做各的，客户所期望的和实际所见、所得的往往对不起来。市场部门强调的产品策略，经过销售传递，然后落地到经销商那里往往已经大相径庭了。就客户感受来说，客户更希望有一个完整的、统一的、互相协调的品牌认知体验。而电商在现阶段是这个环节的重要组成部分，它不但完善了企业及其产品在公开市场上的商业信息，而且为其他数字化客户旅程工作提供了直接销售数据支持。

目标四：推动产品信息管理项目，测试产品周边数据和服务的价值

产品信息管理应该是每个企业都要做的基础工作。一般看一家 B2B 工业品公司的营销工作是由市场部主导的，还是销售部主导的，看它的产品信息管理就知道了。市场部主导的企业无论产品是否有订单和客户，都会逐步建立和完善全部的产品数据，并且在行业应用的需求下进一步丰富不同层次的产品信息，完善的方向包括结合设计的需求、结合全生命周期管理的

需求等。产品的数据库也是唯一的、完整的,并由专门的部门负责维护和更新。各个部门需要使用到的产品信息都会从这个唯一的数据库中提取。而一个典型的以销售部为主导的 B2B 工业品企业,一般都没有统一的产品信息数据库。每个产品线都是依据产品经理自己的方式来管理的。往往是有客户需求的产品会有较健全的信息,而那些没有什么订单的产品可能连参数都不知道存在什么地方,更别说样本资料了。电商是一个对不同维度的产品信息要求都非常高的行业,它可以利用实际问题来推动企业切实完成产品信息管理工作,增加企业中后台业务支撑的能力,从而提升整体业务的效率。

目标五: 拓展业务线索,初步链接线下渠道

根据现在对 B2B 工业品业务的分析,我认为这个行业的电商发展是不可能脱离线下渠道配合的。B2B 工业品电商不可能按照消费品行业的模式,先弯道超车,再收编线下资源。B2B 工业品电商合理的发展模式应该是利用数字化的传播便利性和数据处理能力,在发展线上业务的同时打通线下对应的商务、物流、仓储、服务和售后环节。对企业来说,这一整套平台未必需要通过所谓的第三方平台来搭建,而是可以像此前发展企业 ERP 系统一样由企业自己来设计。但在发展初期,考虑到目前大部分企业 IT 部门的运作能力还达不到独立完成这么大规模项目的要求,可以更多地依靠外部第三方平台和 SaaS 应用来逐步弄清自己的全部需求。因此,在需求尚不明确,B2B 工业品电商大市场发展方向不清晰的情况下,减少初期投入而使用第三方平台积累的经验和完善业务流程的做法是比较明智的。

目标六: 促进同行交流,实现跨界合作

电商是一种可以实现不同公司在同一个平台上协作的商业模式。我们看每年"双 11"大促,有很多商家都参与了平台组织的跨店促销活动,这也算是一种跨行协作。借助电商平台,我们可以通过全网数据更清晰地了解行

业的发展方向和客户对产品和服务的需求。我曾经在刚开始做电商时候，就组织了整个电工电气行业的交流活动，大家会聚在一起吐吐槽，晒晒经验，学习一些新思路，到现在可能和同行的交流少了，但不同行业的电商人在一起交流又是常事。其中的一个原因就是，发展电商对每个工业品公司来说都算是一次内部的变革管理，是对整个业务的重新定义。而仅有好的想法和策略，最后能不能靠“拿来主义”成功复制，完全是两回事。做数字化不缺想法，而缺能落地的执行力。不管怎么说，电商业务确实促进了行业内部和不同行业之间就同类型客户的痛点进行交流和协作，甚至可能在未来为客户真正提供一站式的解决方案。

其实，发展电商的好处还有很多，当然最后还是要落到产生商业价值上，也就是销售额和利润。但是每项业务都有萌芽期、成长期、成熟期、衰退期。传统 B2B 工业品行业的经销商模式已经渐渐从成熟期走向衰退期了，而电商和其他数字化渠道还处在萌芽期和验证期，还未真正获得大量资源实现飞速发展。好在大多数企业负责人已经意识到了这么一个机会，也开始重视对这个新业态模式的投入和探索。只是一开始如果不找对目标，也许就会错过这项业务在企业内生根发芽的机会。当然，如果企业找对了电商发展目标，不能一边说着不追求业绩，另一边业务部门和管理层又天天来问：今天线上卖了多少？比昨天高多少？利润比线下高吗？企业从上到下都需要有足够的耐心等待它成功孵化。

04 由点及面：从网红面馆的商业逻辑思考电商的爆款商业模式

我个人有个饮食偏好，就是爱吃面食。但是，为了控制居高不下的体重，我打算“戒面”。当然，“戒面”只进行了一个礼拜，我就再也坚持不下去了，因为这种饥肠辘辘的日子实在太难熬了。一周后，我决定开戒。当然，既然要开戒，也要有点仪式感，所以我决定挑公司附近一家知名的本地网红面馆——哈灵面馆。哈灵面馆最开始还是仅此一家的网红面馆，门口排队的人络绎不绝。随着资本的介入，分店很快就到处都是。我点了一份店里的招牌牛蛙面。虽然从下单到等待差不多要 15 分钟，但是看着那么大一碗面端上来，我还是颇为激动的。邻桌的小情侣也明显有同感，面才端上来，女同学激动地说：“这家的招牌牛蛙面好大一份啊，牛蛙又多，好划算啊！”“对啊，对啊，网红面嘛！”男同学回复道。

网红爆款首先要“显得很划算”

按照这碗招牌牛蛙面的逻辑，我们总结的第一条是，要成为网红产品或者人气产品首先要具备超高的性价比，即人们常说的划算。光是好吃或好玩，有品牌的产品还无法成为爆款网红产品，一定要显得“很划算”。在这碗招牌牛蛙面上，面馆方面做了三方面的工作使得这碗面显得“很划算”。首先是命名，“招牌”两个字把一碗普通的牛蛙面提到了镇店之宝的位置，用整家店来为这碗面背书，其身价之高不言而喻。对于初次慕名而来的顾客来说，不先来一碗“招牌”，似乎怎么都说不过去。

这就是典型的爆款打法，利用文案包装和“突出展现”把流量先集中到某一款产品上去形成大量的成交量。其次，这款招牌面的标价用了淘宝流行的在原价上画线，再写一个较低的促销优惠价的方式。这么做是为了先用原价突出面的实际价值，提升了它的定位和档次，表明这不是一个廉价的引流产品，而是本店的精华。随后，这个替代原价的优惠价又让顾客觉得现在购买是占了便宜，哪怕它一年到头都是这个优惠价，但顾客担心哪天它可能会突然就卖回原价了，所以现在买最好。最后，这碗面用最廉价的方式提升了它的性价比，就是分量超大。对于上海这个寸土寸金的地方，餐饮业的最大成本其实是房租。食材尤其是面条这类主食的成本其实非常低。如果浇头一样，一大碗面条与一小碗面条的成本相差不到 1 元钱，但大碗可以带给食客一种花小钱买了大便宜的感觉。当然，最后大家去算算的话，其实会发现，39 元一碗的招牌牛蛙面，去掉各项成本，也未必很赚钱。这一方面是为了实现“划算”的感觉，必须控制售价，从而降低了客单价和利润率；另一方面受爆款网红产品的影响，造成其他产品销售比较难，最后店内售出品类比较单一，且平均客单价不高。由于单纯的店铺销售受限于场地，难以获得更低的边际成本，所以“人气面馆”如果只靠卖爆款产品很难赚钱。这件事放在电商上也是一个道理。单店的单个爆款很难帮助店铺实现真正的盈利，因为爆款普遍利润率较低，而且受到的潜在竞争威胁也很大。那么，网红面馆又怎么能靠一碗爆款面条去赚大钱呢？

事实上，爆款模式能否实现盈利，就要看商家能否通过合理的商业模式来提高爆款所带来的流量的变现能力，并且这些变现能力的边际成本能否降低。商业模式是一个非常重要的概念，可以说现在各种风险投资机构对互联网创业的投资都是基于它们的商业模式和团队能力。在大营销时代，“没有不好的产品，只有错误的营销”；在互联网时代，“没有不好的产品，只有不匹配的商业模式”。商业模式是涵盖了销售渠道、市场策略、客群定位、销售方式、产品组合、支付手段等内容的一整套方案。简单来说，商业模式就是你靠什么方法赚钱。只有选好了目标市场和正确的进入方式，有了商业模式才能获得理想的回报。反之，再好的产品，也不可能取得成功。定价 5 块钱一杯的咖啡和定价 50 块钱一杯的咖啡，乃至定价 500 块钱一杯的咖啡都可能是好的产品，但是如果它们的商业模式错了，则可能会变成坏产品。

竞争型商业模式的三种核心竞争力模型

在我看来，现在 B2B 工业品行业大多数竞争型商业模式可以分成三类核心竞争力模型，分别是以项目为中心、以客户为中心、以产品为中心。这也是每个公司应该先明确并且作为自身优势来不断投入资源加以巩固的地方。如果按照核心竞争力模型相对应的市场成熟度来看，以项目为中心的核心竞争力模型所进入的市场的成熟度最低，以产品为中心的核心竞争力模型所进入的市场的成熟度最高。这种成熟度是以企业自身为出发点，考虑到企业的能力、规模、效率等方面对市场的影响力。

一般在产品或者市场的开拓阶段，企业在目标市场的规模较小，品牌和产品辨识度不高，甚至市场本身也还处在培育消费者的阶段，我们往往看到企业会采取以单个重点项目作为目标管理对象的模式进入市场。在这种以项目为中心的核心竞争力模型下，企业的资源配置都围绕某个具体项目的具体需求展开，提供完全个性化的订制服务。但是，在这种模式下企业的资源瓶颈非常明显。无论是人力还是产能，都会因为过于迎合个别项目的需求而造成大量浪费，落地执行成本居高不下，无法迅速提升企业绩效。如果我们拿吃面这件事来举例，就相当于你让厨师到街上去拉一群客户来，分别了解他们现在想吃什么面，然后按照他们的需求来定制这碗他们需要的面。如果其中一个客户明天再来，你还得重新了解他的需求，再帮他重新定制一种新口味的面。在这种情况下，即使对面条口味非常挑剔的客户或者只是有一点点想吃面条的人，也有可能会买你的这碗面。相对来说，这种情况下转化率较高，但是可以想象，这种模式下的业务执行成本会高得离谱。

当企业在某个市场上已经获得了一定的客户认知度和市场份额时，为了提升企业自身的效率，企业往往会把自己现有的客户按照不同类型、不同规模甚至不同行业来分类，再有针对性地拿出对应的资源给到对应的客户。这类商业模式一般也更适合于多决策链的 B2B 工业品行业。如果我们再拿吃面来举例，那就相当于今天有三人说好一起去吃午饭，然后商量吃什么好。这家面馆老板告诉他们，如果他们能一起办一张充值会员卡，面馆就能针对他们每个人的喜好来定制他们每周的食谱。比如，同事 A 爱吃辣，面馆会推荐几款辣味面供他选择；同事 B 爱吃素，那面馆就会有几种素浇面供他选择；同事 C 爱吃肉，那面馆就有大排面、焖肉面等供他选择。最终，这三人在协商后共同办理了一张充值会员卡，并且约定之后经常来这家面馆的吃午饭。面馆针对不同类型的客户有不同的解决方案，总有一款适合他们。这三人共同消费又满足了“大客户”采购的门槛，值得面馆为他们提供专属的客户服务和定制产品。与以项目为中心略微不同的是，以客户为中心会更多地考虑客户的规模、复购能力，以及日后的服务成本等，而不是只考虑眼下这一个项目的得失情况。从长期来看，以客户为中心的好处是由于不断的体验和沟通，随着客户对这家面馆的忠诚度越来越高，假定不考虑是否吃腻的问题，面馆对他们的二次营销成本也会越来越低。甚至他们反过来还会成为面馆的口碑传递者，使得总体的转化成本和新客户营销成本会随着时间的推移和规模的增长慢慢降低。但是，这里也会有一个致命的缺陷，就是当顾客在这家面馆吃了一段时间之后，如果这家面馆没有他喜欢的新口味，或者降价的趋势，那他或许会因厌倦而离开。所以，在以客户为中心的商业模式下，建立客户忠诚度体系、维持销售价格和提升新客户的获取能力一样重要。

最后我们来看看以产品为中心的商业模式。一般来说，一款好的产品，除了在功能、质量、外观设计、定价等方面要满足客户的要求之外，还应该有一个好的品牌。还是拿哈灵面馆举例，它们开分店，扩大经营规模，然后推出速冻冷链产品，通过超市渠道销售。随后，当面馆的整体竞争力模型完全转向以产品为中心的时候，为了进一步强化品牌形象，从而提升产品进入市场的能力，它们又通过各种媒体做有针对性的宣传。同时，为了区别于其他面点产品，它们根据自己所属的细分市场定位为“一碗属于上海人口味的面”，专注上海本地市场。这种差异化的定位其实很重要，它能避免在规模还不够大的情况下的不必要竞争。比如，避免一些来自传统速冻快餐食品巨头的冲击。于是，回到最初那个问题，看似这么划算的面，商家到底怎么盈利呢？以产品为中心的核心竞争力模型决定了与产品有关的一切，包括品牌、客户体验等因素同样是需要投入资源来获取的。打造网红产品就是这样一种投入。而当这种投入打造出来的爆款产品拥有足够的知名度和客户口碑的时候，其他“附带”产品进入市场的效率也会随之提高，可以较低的成本让更多产品进入市场获得更多利润。

选择以项目、客户还是产品为中心的核心竞争力模型与企业拟进入的市场的成熟度有关。往往以产品为中心的核心竞争力模型对资源投入要求更高，进入市场的固定成本会比另外两种商业模式都高得多。因此，我们可以循序渐进，从以项目为中心的核心竞争力模型开始积累经验，逐步转向以客户为中心或以产品为中心的核心竞争力模型。而那些在某一市场运作多年却受限于产品或行业无法突破以项目为中心的企业，也应该考虑如何能够按照循序渐进的方式来慢慢实现转型。

05 兼收并蓄：传统电商之外的新零售电商、内容电商和社交电商模式

淘宝网在2018年宣称，手机淘宝全球总用户数量已经超过8亿，日活用户数约为2.8亿，平均每人每天在淘宝上花费约28分钟时间，但是这依然不能掩饰其GMV(gross merchandise volume，成交总额)增速放缓、国内新用户增长停滞的困境。

如今，各大品牌都在感叹电商流量贵，生意难做，利润微薄甚至亏损。据统计，仅在2018年“6·18”预热期间(2018.5.28—2018.6.3)，各类广告投放数量就激增55%，一度造成各类电商和社交媒体资源紧张。那些还没在京东、天猫做大生意的品牌商，异常羡慕那些一场大促就能销货上千万的“成功企业”；而这些“令人羡慕”的品牌商们，望着居高不下的运营成本和日益走低的市场价格，心里的苦楚又有多少人能体会。

凯文·凯利提出过一个观点：电商的本质是把东西卖得更便宜，在互联网上营销的最佳策略是先于竞争对手降价并且获得下一次定价权。现如今，快速上升的营销边际成本实际上是阻碍了用户群的持续扩张。

我们身边那些电商平台的运营人员，每次大促结束一定会看这期间的GMV是多少，很少有人会关心商家最终的利润率是多少。电商发展初期的一个核心优势确实是因为有了信息传递的扁平化和销售服务的去中心化，使得产品的成本可以降低，从而用更便宜的价格获取更多用户。如果说电商降价背后的逻辑是获取更多的用户，从而一步步垄断市场，却又几乎没有利润，那么这实际上和企业的经营理念是矛盾的，因为企业最终还是要逐利，而不是单纯看销量。现如今的电商总量增长的瓶颈除了来自新用户的流量红利减少之外，还有一个原因就是，电商已经很难把目前的产品卖得更

便宜了。当大家都无法打价格战的时候,你会发现,从 2018 年的“6 · 18”年中大促开始,各种从前看似无往而不利的平台大促似乎也已经出现了一丝颓势。让我们来看看流量红利已结束的电子商务还有哪些增长机会吧。

突破利润和获客瓶颈：从线上到线下把握新零售

现阶段各大互联网巨头争抢得最激烈的资源是什么?我们可以看到不再是线上流量入口,或者互联网技术人才,而是线下的资源。看似矛盾,但是经过长达十年的高速发展,号称要用互联网技术改变大家消费习惯的电商,竟然开始收购和整合线下资源。无论是最开始的支付平台加线下 POS 机,还是找合作门店建立 O2O,或是阿里巴巴收购超市、卖场,入股专业零售市场等更大规模的线下资源获取,从前的纯线上电商最终融合线下门店销售,成为整个消费升级和零售升级的一部分,已是显而易见的事。弯道超车终究不是独自单飞,超了一段,最终还是要转回主干道上来。

阿里巴巴是率先开启线上线下全方位战场的电商平台。从整合街头巷尾的小卖部供应链的零售通,到农村“最后一公里”的村淘,从和优衣库等知名品牌一起整合线上线下业务,到异军突起的商超新物种——盒马鲜生,等等,阿里巴巴很早就开始布局线下这盘棋了。而其老对手京东在这方面也不甘示弱。从发展自身的物流仓储能力作为基础,到衍生出京东帮这类区域线下门店兼具服务和零售展示的功能,现如今在家装和汽车后市场上又开始着重发力,纷纷推出计划要在各个品类如灯饰、汽车养护等开出上千家旗舰店。京东是否会有进一步的兼并收购计划来圈线下零售的地,我们拭目以待。

在这种机遇下,那些还没有找到电商突围方式的传统行业,倒是可以考虑如何利用线下已经积累了多年的渠道优势来和电商平台合作,以获取新的流量入口,完成电商化转型。比如,天猫从 2018 年开始积极在推的“智慧门店计划”,就是电商和实体零售如何在人员管理、客户关系管理和门店选址中运用大数据的整合方案。

如何定义“新零售”

首先，我们先来搞清楚几个跟新零售相关的概念，以及新零售这个说法的由来。我们平时在看各种关于数字化营销和电商的内容时，都看到过O2O(online to offline，线上到线下；或offline to online，线下到线上)和Omni-Channel(全渠道)这两个概念，那这两个概念和新零售有什么关系呢？

事实上，O2O、全渠道和新零售这三个概念本质上可以说是一样的。它们背后的核心逻辑就是在现今移动互联网技术高度发展的背景下，线上和线下的资源优势必须紧密结合在一起，才能最大限度地做好营销和零售业务工作。虽然这几个概念在技术实现和核心逻辑层面上有相同之处，但又有各自不同的侧重点。并且，这几个概念具有递进发展的关联性，可以说是从O2O发展到全渠道再发展到新零售概念的。

我们先来谈谈O2O概念的侧重点。顾名思义，O2O的侧重点实际上是线上和线下两个渠道之间的互动。而这种互动带来的是流量获取和转化能力的提升。线上流量的获取随着各种脑洞大开的商业推广形式的出现，已经变得越来越难“出奇制胜”了。如今的互联网早已过了商家仅依靠少量纯线上的推广和促销就能获得足够的关注并让消费者下单购买的时代了。就拿微信公众号来说。早几年做一篇阅读量10万以上的文章大概可以增加粉丝10 000人，能达到将近10%的转化率。但是这两年打造一篇阅读量10万以上的文章，抛开是否有数据造假这种情况，实打实的增粉数量在500~2 000之间，转化率只有0.5%~2%。这也能说明纯线上的新客获取变得越来越难。线上的流量转化遇到了瓶颈，投入的费用越来越高，导致线下的一些营销活动的获客成本又变得有优势了。比如，获取一个P2P贷款客户，通过百度获客的成本在1 000~1 500元人民币。而线下搞一次促销，促成几笔交易，平摊下来的人均获客成本可能要远远低于这个金额。但是线下业务的信息传播速度也遇到了瓶颈。很多传统行业过于零散，无法提供标准化、透明化的信息服务。诸如家装、出行等行业的客户都希望能够更直观地了解到“实际落地服务”的具体内容。于是，基于移动互联网和4G网络的普及，利用 APP 结合线上和线下能产生更高的客户转化率,也成了目前炙手可热的新商业模式。过去几年,市场上也诞生了一大批 O2O 企业,如滴滴、大众点评、饿了么、摩拜单车、土巴兔装修等。这一类公司的业务模式在美国又被叫做 On-Demand Service,也就是“点播服务”。只不过现在的点播服务还提供了在线支付功能。O2O 强调的是线上和线下的优势互补,各自给对方赋能,提升商业效率,并产生新一轮业务增长。

当线上业务,通过纯电商或者线上和线下的结合,得到迅速发展,并占据了企业内越来越多的资源和渠道份额时,传统贸易渠道尤其是那些靠信息不对称来获利的经销商们开始坐不住了。于是,他们中的不少人想趁着自己还有那么一点重要性的时候,开始为自己的生存问题争取权益了。对于企业来说,一个是明日之星,一个是老将功臣,各有千秋,手心手背都是肉。因此,企业就想出来一个新招：Omni-Channel,也就是全渠道策略。简单地说就是把原来线上线下、新旧渠道分列的资源统一到一起,线上线下不分家,大家在同一个游戏规则下共存。原来专注线下业务的可以试着发展线上能力或者寻找线上合作伙伴,而那些从线上开始发展的也可以借着这个机会来利用线下优质经销商的行业经验和服务能力来充实自己的核心竞争力。在全渠道策略下,是否对一项业务进行投入要同时考虑线上和线下的得失,避免此前线上线下独立时出现的“屁股决定脑袋”问题。越来越多线上线下同款同价、同等服务的推出,会大大降低客户的交易成本,做到一个品牌,一条渠道,一种声音。对客户来说,这种全渠道的管理使得他们不用再去比较线上线下以及不同平台之间的成本差异,从而能够做到高效做出购买决策。

按理说,当线下和线上结合得如此紧密之后,应该已经算是完成两者的渠道和资源整合工作了。但是,线上和线下的融合,不仅仅在于双方优势的互补,双方在最终客户服务上的协作,还在于发现新的业务机会。于是,在全渠道的基础上又出现了新零售的概念。

新零售的三个显著特征

判断某个线上线下结合的业务是属于新零售,还是仅仅是渠道之间的深度融合,首先看这项整合后的业务是否产生了区别于原来业务范畴的新业务模式。比如,用饿了么叫外卖还是属于餐饮外卖业务,只是把叫餐电话和菜单传单换成了APP,商业模式并没有变,最多只能算是第三方外包服务。同样地,用手机APP打车还是电调叫车业务,只是载体换成了手机APP而不是人工服务台。那么,什么样的线上线下结合算是新零售业务呢?

首先,由于利用了互联网技术才得以实现的那些全新的零售业务模式算是新零售业务。比如,途虎、汽车超人之类的互联网汽车后市场业务垂直平台,就是得益于互联网技术的出现才能实现的业务模式。它们充分利用了互联网电商的快速"增殖"能力、扩散能力和标准化特性改造了原本分散、凌乱的线下汽车后市场中数万家独立零售门店,提供了在品牌4S店之外标准化程度较高、连锁化经营的汽车养护和配件更换业务。如果不是因为有了互联网技术,这项业务的开展初期需要巨大的固定成本投入和较强的渠道营销能力。这种因为线上和线下结合才诞生的业务就符合新零售对业务模式的要求。

其次,那些融合后产生的商业模式能够提供原本线上和线下单一渠道都无法达到的业务能力的,也属于新零售业务。如盒马鲜生,若只是作为线上购物、线下送货的超市来说,它并不符合新零售要求具备新业务模式这一点。但是,当它把自己的物流能力拓展至品牌方旗下其他业务时,品牌方在并没有投入更多仓储物流建设资源的条件下,就把网购的交付周期从同城内1天缩短到了1小时,交付周期的巨大改变会进一步改变很多用户的消费习惯。因此,也算是符合新零售要求的新业务模式。

第二个对是否属于新零售的判断依据就是在新零售模式下,传统的营销管理转变成了运营。所有的用户都不再只是传统业务模式下的消费者,而是整合了不同需求和传播能力的多维集合体。这些需求和传播能力通过各种行为数据被平台记录下来并打上不同的标签,然后成为平台或企业营销大数据的一部分来辅助企业决策。以往的单纯以产品为中心、以品牌为中心或者以消费者为中心的营销管理之间的界限变得更加模糊。所有的营销只以"获客"为最终目的,而不再把"营"和"销"分开考核。到底是通过"社群"来做"营销",还是通过"营销"来做"社群";是通过"品牌"来推"平台”，还是通过“平台”来推“品牌”；是通过“消费者洞察”来“设计产品和服务”，还是通过“产品和服务的设计”来改变“消费者洞察”。这些决策由于新零售线上线下高度同步所带来的“快”和“直观”变得更加难以取舍。所以，我们引用生产管理中面对复杂局面时，考虑到众多变量相互影响，而通过抽丝剥茧以追求卓越的“运营”概念，来取代传统的营销管理方式，作为新零售业务的管理理念。

最后一个判断一项线上线下结合的业务是否为新零售的依据，是这项业务模式是否提供了相比于原本“纯电商模式”下更大的获利空间。衡量电商业务的三要素：流量、转化率和客单价。哪个是和利润有关的？所以，电商从出现到现在，一直不是逐利而是逐量的。当然这点并不是说不通，因为更大的用户量终究会让成本降低，从而帮助企业获取优先降价权或相对更高的利润。而线下的生意是以逐利而非逐量为目的。实际上，所有的渠道更替都是伴随着价格战而完成的。电商的扩张模式更是如此，基本上是先降价，从而获取更多客户，再获得更合理的边际成本，并获得新一轮定价权，然后再降价。很多电商平台自身还处在获客阶段，本来就是零利润甚至是负利润运营，它们降价销售的补贴主要来自风险投资。那么，当钱“烧”得差不多了，业务发展自然也就出现瓶颈了。所以，如果一项业务将线上和线下资源结合后，如果没能从新业务中受益，或通过两者结合后成本的优化而获得更高的利润，那就不算是新零售的业务模式，还是传统的线上线下结合的电商模式。

所以，综合分析了这三点判断依据，从商业模式上来看，新零售相比于全渠道和O2O，在线上和线下的协作和融合这个层面上更进了一步。它更像是汲取了线上和线下优势后，诞生出来的一种全新的、高效的业务模式。那么，对于B2B工业品来说，新零售是否具备应用价值呢？我们在前文关于“客户旅程”和“客户为王”的内容中已经做出过一些分析。B2B工业品作为非常标准化的产品，以及线下服务和渠道建设占比较高的业务，一定是需要向着新零售方向转型的。

虽然很多B2B工业品企业才开始“触网”，但我们都知道，线上线下的结合，从长远来看，这必然是企业业务发展的方向。我所熟悉的许多已经在电商上投入并产生一定销量的企业，也都开始考虑如何更好地融合线上线下两个渠道形成全渠道管理。新零售是可以作为B2B工业品企业在这种深度渠道融合之后的新业务形态发展方向的。因为它几乎满足了B2B工业品企业对“数字化转型”的所有期待，即能够产生新的业务模式，用B2B工业品企业更熟悉的“运营”理念来取代更主观的营销，还有获得更高的利润率。而对B2B工业品企业负责人来说，借助这三点判断依据来审视自身线上线下业务的结合是否达到了新零售的标准，也能帮助他们做好自身业务数字化转型的阶段性定位，从而做出更合理的战略决策。

深度“营销一体”的电商业态：内容为王，博主带货

自2016年内容营销开始成为新的流行趋势后，内容生产和内容推广就成为新的互联网营销阵地。在现有的关键词搜索和广告精准展现的电商营销手段走入瓶颈期后，下一个最有可能成为增长驱动力的将是“不比价，不搜索”的内容电商。“小红书”作为当下最热门的内容电商类平台，在2018年底获得了阿里巴巴3亿美元的投资，成了众多内容电商平台中首先到达“终点”的领跑者。

如果传统行业或者小企业在大平台里的关键词投放（如天猫直通车）排不到前列，或者投入产出比过低，展现类广告点击率上不去，不妨直接从内容入手。比如，“文怡家常菜”的公众号只用了10分钟就卖出1.5万块价值1 500元的切菜砧板，用的是“追求极致做菜体验的美食家”的情感营销内容。那些时尚博主如黎贝卡也实现了利用公众号引流电商一分钟破百万的销售奇迹。

资本绑架抑或投资未来

小红书是专门让用户自发分享好物的平台，用户在小红书平台上可以把自己认为好用的物品，写成“种草笔记”分享给网友，让其他用户发现更多好物。小红书因为优质的“种草”内容和各大明星的强势入驻，并通过口碑

效应和流量裂变等方式，一跃成为国内首屈一指的内容分享社区。小红书在2017年下半年随着IP的价值变现趋势开始崭露头角，与抖音、快手一起成为广大网民在淘宝和微信之外的新狂欢焦点，也迅速引起了互联网巨头们的不安。阿里巴巴并不怕被分去某几个细分市场的流量，但是它担心某一天某个平台改变了消费者打开购买链接的方式。这种担心并没有随着“淘宝直播”在几年内就做到过千亿元交易规模而有所缓解，因为在这件事上，阿里巴巴并不拥有“原始基因”。

小红书是做社区内容起家的。其中，美妆穿搭和生活方式是其两大撒手锏。“封杀”美妆类博主无疑是自断一臂。试想当下除了小红书，以及半红不热的vice，还有什么内容电商平台值得这些已经三餐都要分享的博主们去入驻呢？或许有人给出的答案是“万能的”淘宝。但我们都知道，淘宝的电商基因深厚，其平台上的内容阅读体验并不是很好。话说回来，要指导这么多风格迥异的博主，让他们用差不多的套路写出好内容，对那些做IT和运营出身的人来说，确实是难了点。

小红书作为估值不过30亿美元，用户量刚过亿的未上市平台，跟阿里巴巴在投资小红书时近5 300亿美元的市值比起来，如同九牛一毛。望着增长已经快要到头的传统电商淘宝，作为市场老大，若是要拓展市场，唯有跨界和开辟新的流量入口，所以拥有社交基因的内容电商平台，既满足了阿里巴巴盼望了那么多年的“社媒梦”，又满足了市场增长的深层次需求。毕竟小红书的估值还不到阿里巴巴的1%，阿里巴巴投个3亿美元就可以买份可以保障未来的“保险”，对阿里巴巴来说，肯定是一笔划算的生意。

小红书关于限制博主的消息出来后，最不知所措的大概就是那些好不容易打拼了几年攒出几十万甚至百万粉丝的博主们。前几年，小红书不温不火的时候，他们每天坚持不懈地创作，好不容易等到平台火了，“金主们”开始来投钱买广告了，却发现又是平台限流，又是“封杀”账号，实在是一肚子的委屈。这一举措到底是因为被资本绑架还是致力于投资未来，我们只能静观其变了。

社交电商，亲情推销

其实,社交电商从 QQ 空间开始就一直没有停止过发展。大家打开自己的微信朋友圈看看,谁的联系人里没有几个做代购、卖特产、拉生意的小伙伴?就算你屏蔽了那些专注发小广告“全职代购”,但朋友偶尔转发或者支持的那些零星小广告,也是防不胜防的。所以,社交电商是一直存在的,只是以“无组织”的方式存在着,因此没有统一的交易或支付路径去整合它们的数据,这才造成社交电商一直不成气候的错觉。事实上,社交电商的用户复购率和市场下沉能力比其他模式的零售电商都要高。它是完全符合在流量增长陷入瓶颈时,降低营销的边际成本,进一步对流量做分层的需求的。一夜爆红的拼多多正是这种分散的社交电商形式发展到一定时期,必然会出现的规模社交电商平台。此外,越来越多的电商小程序利用微信的传播便利性和普及率开始瓜分主流电商平台的市场,这也算是微信以“赋能”自己的生态链来参与电商市场争夺的表现。

电商这个“江湖”经过十年的高速发展,从群雄逐鹿进入到相对统一、稳定的发展阶段。所谓天下大势,合久必分,分久必合。目前,这种相对来说被几个大平台“合而为一”的局面也预示着新的纷争的出现。而我们正好处在这样一个十字路口上。

06 泾渭分明：电商业务管理中该如何处理“渠道争议”

自从进入了商品经济社会，渠道就一直是商品流通环节中非常重要的一个环节。改革开放后，一大批外资企业涌入中国，各种新型家电和日用品成了备受国内民众追捧的“香饽饽”。人们往往要托各种关系花远高于定价的实际销售价格，才能比别人抢先买到那些供给量有限的商品。于是，各种贸易渠道商、品牌代理商和中间商便应运而生。

在外企刚进入中国时，国内的市场经济政策和法律法规还不是很健全，相比欧美成熟的市场，当时国内市场有着很多不规范之处。外企为了尽快融入国内市场，打开销售局面，抢占当地市场，便开始寻找那些有着各种关系、对本地商业环境非常了解的经销商或代理商来开展业务。一时间，“总代”、“首代”、特约经销等名头纷纷出现，成了各种优质商品接触消费者的第一道门槛。有想法、有能力、有关系的经销商成了许多品牌在中国旗开得胜的不二法宝，各行各业尤其是 B2B 工业品行业，也开始效仿。即便原本在其他国家采取直营模式的企业，到了中国也愿意招募具有不同背景的贸易公司和物资公司作为经销商，并迅速进入群雄逐鹿的市场瓜分阶段。

“渠道冲突”和“渠道争议”

当然，本章的话题并不是聊经销商这个群体和他们的商业模式，而是从追溯这个群体的由来开始谈谈“渠道冲突”和“渠道争议”的问题。什么叫做“渠道冲突”或“渠道争议”呢？简单地说，就是当两个或两个以上的销售渠道同时面向某个终端客户开展推销活动时，所产生的不同销售渠道之间的冲突。各个品牌为了覆盖不同类型、不同区域的客户,从而更全面地覆盖中国这个无论是从地域还是人口基数上都非常庞大的新兴市场,而招募了越来越多的经销商。自然,这些经销商之间会不可避免地遇到同一个客户或者参与同一个项目。尽管很多品牌为了从一开始就竭力规避可能产生的内部竞争,而纷纷采取只对单一区域、单一客户,甚至单一产品进行经销商的单独授权,以期望大家“各扫门前雪”。但是,往往规矩是死的,人是活的,更何况是这些心思活络的经销商们。他们只要看到大客户和大项目,就会如同狼群遇到了猎物,不约而同地聚到了一起扑食。如果品牌方对经销商的限制和管理过于严苛,可能会造成经销商丧失竞争的意识,逐渐变得懒散和不思进取。反之,如果对经销商的管理不到位,又可能会造成渠道之间的竞争过于激烈,最后大家都会只看着盘子中那些肉争抢,再也没有人出去猎取新的食物了。所以,在这样的大环境下,出现了渠道冲突和争议是不可避免的。

B2B 工业品线下业务的经销商之间出现争议和冲突早已是屡见不鲜、习以为常的事了,可偏偏一到了 B2B 电商,这一新兴渠道和商业模式,渠道冲突和争议就成了群起而攻之的理由了,这又到底是为什么呢?

B2B 电商“渠道冲突”和“渠道争议”为何看似很严重

为什么 B2B 电商会给人“渠道冲突”特别严重的印象呢?其实,这是由很多原因造成的。

首先,电商在最开始吸引用户的时候,确实用了许多低价和贴补的手段以改变消费者习惯。不论这些促销价格在最后支付的时候,是否真正让客户享受到,但其对用户的购买却是实实在在地产生了作用。久而久之,电商这种不按常理出牌,到处搅局,制造公共舆论来质疑传统渠道“暴利”的“招牌形象”就被渐渐固化下来了。因此,各个行业对电商也是又爱又恨。“爱”的是它可能在短时间内就利用完全不同的手段和方法获得突破性的增长点;“恨”的是电商打破了一直以来较为稳定的业务模式,尤其在 B2B 工业品这种渠道较为封闭的业务中。

其次,是因为“电商只有第一,没有第二”。电商相比于传统销售手段,是一种能够在一定程度上实现“边际成本递减”的商业模式。竞争者在同一商业模式下,一旦业务上没有了差异,且效率上有了一点差距,那么胜利的天平就会越来越快速地向着效率优先的一方倾斜,最终让其成为一家独角兽企业。比如,阿里巴巴是国内“综合性平台电商”企业,很多人或许会认为京东是其竞争者,暂且不谈它们之间实际体量的差距,就说它们的商业模式,也是有很大差异的。京东其实更像是一个零售商,它的竞争对象更多的是类似沃尔玛、家乐福这样的企业。电商这条路会越走越窄,同伴会越来越少。比如,京东曾经在 3C 品类上的直接竞争者“易迅”和生鲜家居品类的竞争者“一号店”,哪怕这些竞争者更偏向于垂直经营单一品类的产品,但它们的商业模式和京东非常接近,最终难逃被并购的命运。美团和大众点评、滴滴和优步中国等,最后也达成兼并收购协议。哪怕这些竞争对手现在可以偏隅一方,相安无事地生存着,但电商这种模式最终将迫使它们无可避免地产生直接竞争,最终只有一家能走出来。

再次,电商会产生“市场权力”的转移。大家都知道,无论是在 B2B 还是 B2C 业务里,渠道商一般都是越老越吃香。渠道上下游的参与者由长年累月的生意关系,进而变成朋友和伙伴关系,互相之间的关系也更加融洽。但是,电商是一个需要快速学习、不断试错的“体力活儿”。它更加适合于年轻人,尤其是初入职场精力充沛的年轻人。传统的市场行业的交接往往是发生在老一辈萌生退意,后辈们也渐渐步入中年的时候。而电商的出现,无疑打破了这一原本大家都比较习惯的权力交接过程。那些传统渠道四五十岁的经销商们,本来正是年富力强、社会资源游刃有余的时候,却被逼要学习互联网这些他们做了半辈子生意还没打过交道的东西。有时候,他们还得忍着那些 90 后我行我素的脾气来接受新事物。对他们来说,无论做与不做,都很痛苦。所以,这代人也成了带头对电商嗤之以鼻的人,并成为电商发展的一大“渠道冲突”来源。

最后,电商使得市场变得更加透明。事实上,市场变得更加透明并不是一件坏事。举个例子来说,如果你去一个偏远的山村,想买一瓶饮料,看到某个小卖部里面有各种你叫不出名的果汁和饮料,最后你在一个角落里看到了熟悉的可口可乐,然后毫不犹豫地选择购买。虽然,可口可乐未必是那里面最佳的选择,却是最稳妥的选择,因为你很清楚可口可乐里有什么,以及如何判断这瓶可乐有没有过期或是质量有问题,你也可以大致判断这瓶可口可乐合理的销售价格。这些信息其实对一个消费者来说是非常重要的,它可以大大降低交易和沟通成本。但是,这里也有一个问题,就是商家很难拿一瓶可口可乐去忽悠一个客户,让他多出很多钱来购买。即使你在一家非常昂贵的餐厅吃饭,你点一杯可口可乐,用高于便利店十倍的价格购买了,那也是你可以预料到的。但是在同样的高级餐厅里,如果换一种不知名的用新鲜进口水果榨取的果汁,你就很难确定它的价格是否合理了。电商的初衷就是要通过信息传递的扁平化来解决信息沟通渠道不通畅的问题。因此,在解决信息不对称给市场造成的问题的同时,电商也就放弃了信息不对称带来的各种权益,如获得超额利润、局部避免同质化竞争等。

如何化解电商带来的渠道冲突和争议

电商的发展既然对传统渠道造成了这么多的不可避免的困扰,从而引发了一系列激烈的争议和冲突,那么这些争议和冲突是否可以被化解呢?

每一个电商人都要牢牢记住一点,那就是渠道冲突在企业市场销售增长的过程中是时刻存在的。我们不要试图回避渠道冲突这件事,也不要试图去创造一个看似完美的商业模式来解决渠道冲突问题,而是要让自己站在和你有冲突的渠道方的角度,去考虑如何帮助他们更好地提升渠道经营能力来化解这种冲突。我个人觉得有一句话非常有道理,就是"你首先得学会怎么去帮助别人完成他们想做的事,然后才有可能做自己想做的事"。这句话听上去容易,实际上做起来非常难。大多数人,尤其是正在推动变革的新模式拥护者们都认为他们在做的事情很重要,对公司很有价值,很有战略意义。但实际上,你觉得重要的事情在别人眼里可能根本不重要。

我的建议是,解决"渠道冲突"问题,要从解决"人"的问题着手。在任何一家公司内部,小到一个会议的安排,大到一项决定公司业务前景的战略问题,到最后都是人的问题。事实上,解决渠道冲突的核心还是在于内部的人与人之间、部门与部门之间的沟通和协作上。即便是公司一把手下了决心要推动变革，他也不可能简单粗暴地单方面推动策略的执行，而不顾及公司目前依然最赚钱、投入资源也最多的传统渠道。很多错误的做法，往往可能在一开始就把电商和传统渠道变成对立面，从而使得电商在之后的发展中举步维艰，在每一项决定上都无法获得传统渠道管理方的支持甚至是合理建议。

比如，很多电商或者数字化营销经理人上任的第一件事情就是划地盘，明确什么该归自己管，什么不该归自己管，然后就公司内部资源提出种种让自己使用的要求。在人事方面，或是内部调动，或是拼命在外招兵买马，大有自建一整套公司职能架构的气势。将心比心，要是你所在的公司有一个这样的电商团队，而你原本做的又是大家都觉得早晚会“日落西山”的传统渠道，你会不会担心这场数字化变革会很快革了自己的“命”呢？所以，一开始电商人对传统渠道的态度和看法，就决定了传统渠道对电商的看法和态度。

传统渠道的成功可以成为电商发展的助力而非阻力

事实上，我写这本书的初衷，也是为了帮助那些正在或者即将要推动公司内部数字化变革，以及重新搭建营销职能架构的职业经理人，更全面地了解这些工作并顺利地落地执行。这些公司往往都是有很不错的传统业务基础的优秀企业。正因为如此，才需要推动数字化变革，而不是直接推翻原来的业务模式，转而开一家新的互联网公司去颠覆整个传统行业。

很多人把传统业务渠道积淀看作是数字化变革的负担或阻力。其实我认为，这恰恰是你不容忽视的重要助力。有一些电商人或者数字化营销人总想着另辟蹊径然后弯道超车，最后收编所有业务，建立一套全新的商业模式和利益链条，走所谓的电子商务化的道路让整个公司实现转型。这样的成功案例并不是没有。然而，对许多线下业务实际做得不错的传统企业来说，这种做法无疑是主动放弃了那些新进入市场竞争的互联网企业实际非常看重的线下渠道优势，反而顺着新进入者的意愿，从零开始跟它们拼纯电商运营能力。这就好像是玩游戏时选择了困难模式，想要在一套自己完全不熟悉的游戏规则下打败对手。对于B2B工业品公司来说，有着传统渠道积累的优势，应该做的并不是去追求完全颠覆式的电子商务，而是考虑如何最大限度地发挥现有线下渠道的优势，利用互联网技术获得较高的沟通效率和协作能力，来对传统渠道做商务电子化的变革。简单地说，是用互联网工具和思维武装并改造传统渠道商，帮助他们做商业模式的转型和优化，从而提高公司业务链的整体效率。当然，这其中一定会有一部分无法跟上时代变化或者主动放弃进一步发展的经销商，他们慢慢被淘汰，也会有一部分跨行业，甚至跨界而来的新伙伴成为中坚力量。但是，这和“颠覆式革命”完全不是一回事，而是正常的迭代。

在我看来，要在B2B工业品公司里推动数字化变革一定要深入地理解传统渠道。否则，将很难做到设身处地为传统渠道商着想，很可能从一开始就把对方推到对立面，错过了可以慢慢建立共赢合作的机会。在这点上，所谓“Going Digital”的人（即传统行业出身的人边做边学习数字化相关工作）就比那些“Born in Digital”的人（即原本在互联网公司工作和有IT背景的人被招去传统行业公司，从事数字化方面工作）更有优势。前者能更加有效地推动变革一步步落实下去。

线上线下合二为一

其实从商务电子化的角度来说，本质上就不存在所谓的线上线下渠道冲突。因为线上线下将会以一个统一的渠道方式展现给客户。客户并不在意是从哪儿获得的产品信息，从哪儿完成的交易，他们只在乎这些信息是否一致，整个交易过程是否顺畅、便捷，相应的增值服务是否完善。这个一致化的渠道概念我们在前文提到过，也即全渠道（Omni-Channel）。这个概念的出现是为了提升消费品零售业的获客能力以及客户体验，但是没能变换出一些特别有价值的新商业模式。近几年，随着移动互联网技术的发展，在O2O商业模式的基础上有非常多的企业尝试进行了全渠道发展。全渠道模式被用来解决整个电子商务的商业体系里，在商品交易环节之外落地服务和客户体验等纯线上电子商务还无法做到的一些问题。大家在调侃电商时会开玩笑说，马云和刘强东只解决了包邮到家这个问题，至于包邮之后还需要的东西，就只有靠O2O或全渠道来解决。而对于B2B工业品业务来说，无论是售前还是售后，纯线上的运营能力和仅仅提供包邮到家是远远不够的。因此，能做到符合B2B工业品各个细分行业不同要求的O2O或全渠道的，可能性最大的是这些行业里的那些传统型公司了。换言之，也就是目前B2B工业品行业里的领头羊们才拥有最完善的线下资源，也最有希望把这些B2B垂直领域的数字化或互联网化工作做好。

在对传统渠道有了的充分认识，了解了它们与你要做的事情的相生相依关系后，你就可以依据每个行业的不同，找准目前传统渠道商存在的痛点来“配合”传统渠道的管理者们共同完善传统渠道。当然，这种合作的前提是双方“共赢、共荣辱”。否则，即使你单方面提出再完美无缺的全渠道商业模式提议，但成果中没有传统渠道管理者们的一席之地，那他们也不会参与进来。在具体落地的过程中也有很多技巧，最重要的一点就是不要盲目去推倒重建，也不要大刀阔斧地去变革，更不要抱有立刻颠覆现有体系的想法，最好是结合每一个重要渠道商自身的优势、劣势和发展目标来单独定制一些小步提升的改进方案，循序渐进地帮助他们慢慢转型，从而走向整体数字化转型的道路。

“渠道冲突”和“渠道争议”只是整个企业数字化变革管理过程会碰到的一个小问题。虽然在电商发展初期会被认为是头等难题，但放到后面看，实际上和变革管理过程中遇到的其他问题相比，并非那么难。除了需要耐心和理解之外，关键的一点就是不要轻易把传统渠道商推到对立面去。哪怕你已经获得了公司最高层的首肯，如果能有传统渠道商自觉自愿的配合，那所有的数字化转型工作都将变得更轻松。当然，这份成就也应该是属于所有参与这些项目的人，而非仅仅是作为变革发起者的你而已。

电商遭遇“羊毛党”

B2B工业品电商不只是存在营销难、策略复杂等问题，还要做好风险管控。线下交易的管控节点多,业务流程也比较成熟,风控相对有保障。但是业务一旦上线,风控就是一个重要问题。

2019 年 1 月 20 日,拼多多因为被“羊毛党”狠狠薅了一把而上了热搜。“羊毛党”也随之进入了大众视野。“羊毛党”是指利用电商平台或网络营销活动规则设置的漏洞,来套取利益的群体。

我们先来简单还原一下事件的始末,看看“羊毛党”到底对这家新上市的社交电商企业做了什么。事件的起因是拼多多平台方想趁着春节前鼓励大家多消费,所以设置了一张 100 元面额的无门槛券,一年有效期,免费领取。换句话说,就相当于商家在平台上直接发现金了。据说这张券原本还只是测试券,但是不知怎么半夜自动就上线了。结果被“羊毛党”发现漏洞,在短短一两个小时内就大量领取并购买了手机充值卡和 Q 币等产品。到早上,“羊毛党”为了分散平台注意力,力求法不责众,于是,开始散布这个重大利好消息,造成新一轮的领取和使用。虽然这些优惠券已经被平台方尽力追回和撤销了,但是其损失依然有几千万元之多。这也让我们看到了数字营销这个新兴事物巨大的负面效应。

说到这里,大家会说,“羊毛党”一般都是针对那些热门快消、容易转手的产品下手的,B2B 工业品企业不太会碰到类似的事。那我给大家分享一个案例。前几年,有一家知名的电气产品生产商,在新老国标交替的时候,没有及时下架老国标的产品,被专业打假的“羊毛党”盯上后恶意购买了几万个产品,然后再声称产品不符合国标标准,利用平台规则要求“退一赔一”索赔数百万元。事实上,B2B 行业虽然交易频次不高,但是单次交易金额巨大,交易约束力又较强,一旦出现问题,追讨和撤销的成本都是非常高昂的。尤其是目前 B2B 电商行业还没有经历过太多风雨的考验,风控意识和能力都较为薄弱,对于“羊毛党”来说,拿着消费品行业“钻空子”得来的经验用到这里可能一抓一个准。

让“消费者”合理地“薅羊毛”,在电商人看来并不是一件坏事。拼多多设置这张券的目的,其实还是希望给消费者带去能占便宜的惊喜感,借机推动新一轮用户增长,进一步扩大品牌影响力。所以,在这次事件中,那些真实的用户领取了无门槛券并且使用了的行为并没有太大问题,最多只是有

“不当得利”的嫌疑，还要看这些用户是如何获知这个信息，并且出于什么目的来领取并使用的。真正有问题的是那些利用软件和设备制造大量虚假 IP 地址和硬件 MAC 地址信息，然后伪装成真实用户，刷取大量优惠券，并有组织、有预谋地套现成 Q 币或充值卡，随后注销账号的“专业作案团体”的行为。我曾经也搞过一次“双 11”天猫旗舰店的促销活动，当时做了一个无门槛礼品——卷尺，在店内任意消费即可领取。于是，一部分消费者发现后就下单了店铺最便宜的一个商品——一包价格为 3.99 元的塑料扎带。对于消费者来说，就相当于花 3.99 元买了一包轧带和一把卷尺，而且还包邮，这当然是非常划算的。大概不到一小时后，就有人自发在“什么值得买”等论坛上发布了这个“令人振奋”的促销信息。于是，大量的客户涌入，直接把所有的扎带买断货，当天交易多达几千笔，直接把店铺“双 11”当天推出的“赛马规则”的数据要求给完成了。这类成本可控、数量受限，有平台提供的安全性和真实性保障的“薅羊毛”行为其实是有一定价值的。

企业可以做好三点来防范“羊毛党”

我们大多数电商人都希望规避被“羊毛党”薅羊毛的事件。那么，我们作为 B2B 工业品的商家来说，怎么才能有效防范“羊毛党”呢？简单来说，可以做好以下三个方面：

（1）建立价格设定和更改权限、审批流程，不允许客服人员在后台修改产品和交易价格。

（2）促销产品每日定量维护合理在线库存，且设置拍完后自动下架，由客服人员和运营人员每人做 2~3 次巡检，并由人工手动上架。

（3）谨慎参加电商平台组织的大型跨店优惠或无门槛优惠活动，模拟计算最大投入金额的折扣系数。

一般 B2B 公司内部对于价格管理是非常严格的，基本很少有人能触碰到系统的价格设置，必须有专人在授权的情况下才能做维护。但是，一旦做了电商，价格的变化就可能会非常多，不但可能会碰到频繁上下架更改价格，还会因为各阶段促销做一些调整。对于京东、天猫来说，前台设置的价格是不能在交易中更改的，但是对于类似 1688 这些平台来说，客服还可以在交易最后更改最终价格。我们一般建议多设置一些权限要求和检控点。比如，在交易过程中只允许店长现场审核并签字记录才能做交易价格的变更；店铺里定期做所有产品面价的校对，防止错漏，低频交易产品可以每月做一次；订单在推送到 ERP 系统确认前，再做一次审核，防止一些系统引起的错误或者人工失误造成的异常价格成交。我们还建议系统里面所有的价格都设置成统一的报价逻辑，如是否含税，是否含运费，是否含保险，是美元价格还是人民币价格，等等，以免前台价格和后台价格对不上。这套流程要固化，并且严格落实到每个责任人，这样就可以最大限度地从源头来控制一些权限管理不严造成的“被薅羊毛”现象。

对于库存和可售产品的管理也是电商风控的关键。很多电商可以设置各种产品自动上下架的逻辑，B2C 平台大多数是卖完自动下架。B2B 平台因为有自定义的交货期，所以即便设置了库存，商品也可以继续被下单。对于促销商品，我们应该尽可能小心地维护库存。这样，不管是由于恶意购买，还是正常订单数量过大造成交付不及时的情况，都可以尽可能地被规避。

最后，我们说说如何在平台大促中做好风控。大多数平台都会做一些跨店的促销活动，如天猫“双 11”会发一些通用的优惠券。但是，这些券的金额都有限，抵扣的条件也很高，对于大多数商家来说都还能承受。但是有一些平台会推出一些类似于“跨店三免一”或者“跨店满 400 减 99”之类的活动，力度非常大。对于这类活动，B2B 工业品商家就要谨慎参加，尤其是当自身产品的单价较高或者不同产品单价差异较大时，碰到这种买几送几的活动，搞不好就要严重亏损了。如果一定要参加，一定不能允许全店通用，而是选择部分产品参加，哪怕活动当天先临时下架一部分产品。同时，要密切监测在线的交易情况，看到异常订单和流量及时做好熔断机制。另外，上架产品或单个 ID 可购买数量一定要控制好，宁愿不停地在线手动上架，也不要为了图省事一次性设个高库存数量，万一碰到了专业的“羊毛党”，哭都来不及了。

如果是 B2B 工业品公司的自建平台，那就多了一个防范的要求，即对于外挂或黑客攻击的防范。这也往往是一些“羊毛党”常用的手段。相对来说，很多第三方平台的技术力量还是较强的，这方面的防范比较充分。而B2B工业品公司的自建平台就容易成为被攻击的对象，这方面可以多和一些网络安全公司和云平台合作，另外使用模块化开发或成熟电商商城也能尽量规避这些风险。

事实上，从一门生意诞生的开始就存在“钻空子”和“堵漏洞”这两个对立存在的群体。不管是利用关系收取不正当费用，还是利用法律缺失套取不正当利益，抑或是利用技术手段和交易规则的不完善寻找“薅羊毛”的机会，都是一直存在的钻空子现象。对于商家来说，只有做好基础交易流程的完善和监督管理工作才能长此以往地规避这些问题。而对于各位买家来说，随着电商法的建立和国家对于网络安全的严格监管，跟风“薅羊毛”行为可能会带来严重的后果，还请大家谨慎下手。

后　记

写这本书的初衷是希望分享这么多年在工业品企业营销岗位上收获的心得与体会。虽然市面上有不少关于营销的书，聚焦在工业品营销和B2B业务的也不少，但结合数字化趋势，有一线实操经验和大企业管理工作经验的写作者却不多。

营销本来就是一门年轻的学科，更遑论与数字化结合的工业品营销，所以大家都需要学习。而把自己的经验、观点进行系统化的梳理、总结，对于我来说也是一次难得的学习和沉淀的机会。

这本书写作过程很长，是通过公众号内容逐步积累起来的。也正因为如此，使得成书编撰时非常不容易，耗费了许多时间才与大家见面。因此，书中的一些信息和案例可能已经发生了一些变化，也只能等再版时来弥补这些遗憾了。

在此，特别感谢为此书出版做了大量工作的徐唯老师和其他许多给过我有价值的信息和建议的朋友。

让我们继续相见在“王老司说电商”的公众号中。